中华先锋人物
故事汇

谢晋

用光影书写中国

XIE JIN
YONG GUANGYING SHUXIE ZHONGGUO

张品成 著

图书在版编目（CIP）数据

谢晋：用光影书写中国/张品成著. —南宁：接力出版社；北京：党建读物出版社，2021.6

（中华人物故事汇. 中华先锋人物故事汇）

ISBN 978-7-5448-7208-9

Ⅰ.①谢… Ⅱ.①张… Ⅲ.①传记小说-中国-当代 Ⅳ.①I247.5

中国版本图书馆CIP数据核字(2021)第096130号

谢晋——用光影书写中国
张品成　著

责任编辑：袁怡黄　　张永鹏
责任校对：刘会乔　　李姝依
装帧设计：严　冬　　许继云　　美术编辑：高春雷
出版发行：党建读物出版社　　接力出版社
地　　址：北京市西城区西长安街80号东楼（邮编：100815）
　　　　　广西南宁市园湖南路9号（邮编：530022）
网　　址：http://www.djcb71.com　　http://www.jielibj.com
电　　话：010-65547970/7621
经　　销：新华书店
印　　刷：河北鹏润印刷有限公司
2021年6月第1版　　2022年3月第3次印刷
787毫米×1092毫米　32开本　5.75印张　80千字
印数：20 001—25 000册　　定价：28.00元

本社版图书如有印装错误，我社负责调换（电话：010-65547970/7621）

目 录

写给小读者的话 ·········· 1

出身书香名门 ·········· 1

酒和戏 ·········· 5

去上海 ·········· 13

中学生涯 ·········· 19

爱上戏剧 ·········· 29

在江安的日子 ·········· 39

初恋和出道 ·········· 49

革命文艺青年 ·········· 59

一炮打响 ·········· 67

再造经典 ················· 73

遭遇挫折 ················· 79

戴铐的舞者 ··············· 85

大地回春树传奇 ··········· 89

和人民一起成熟 ··········· 99

永远的芙蓉镇 ············ 105

花环与丰碑 ·············· 117

戏里戏外两重天 ·········· 129

用心良苦 ················ 139

儿子的道路 ·············· 149

子承父业 ················ 157

巨星陨落 ················ 165

写给小读者的话

你一定很喜欢看电影。

是的,我和你一样,从小就喜欢看电影。有一位中国导演的电影,一直伴着我成长。我从他的电影中得到了许多,我之所以后来能成为一个作家,坦率地说与之不无关系。

这位导演名字叫谢晋,是中国乃至世界电影史上最伟大的导演之一。他一生导演了数十部电影,给世界电影添光加彩,给中国电影带来辉煌。

你的父母,甚至你的爷爷奶奶一定都曾看过他的电影,并且喜欢过他的电影,如果你也看过他的电影,我想你一定也会喜欢上他的电影。不仅你,你的儿孙,甚至更远的将来,更多的人,每个看过他的电影的人都会喜欢他的电影。

　　谢晋的艺术天分和他不屈不挠、兢兢业业，克服千难万险，全身心地投入，为电影艺术奋斗献身的精神，铸就了他在世界电影领域的地位。

　　有人评价谢晋："他是为电影而生，也渴望着为电影而死的人。"

　　我想，不仅是他的电影，他的人生和他一生追求艺术、追求理想的经历，也将对我们有所启迪。

　　这是这本书出版的意义所在。

　　这本书，讲述了谢晋一生中许多故事，他的一生悲喜交织，经历过苦难，但最终迎来辉煌。

　　他的墓碑上刻有这么一段话：辨善恶于大地，投思索于历史，追人性于血火，问正义于困顿……

　　这段话，是对他的电影和他的人生最好的诠释。

　　风雨有时，生命无限，谢晋大师用银幕实现了他的永生。

　　他是一团火，让我们走近他，得到光照和温暖，也得到前行的动力。

出身书香名门

谢家塘也叫谢塘，是绍兴上虞的一个镇。

这个位于浙东的小镇那年秋天有些热闹，那是一九二三年。

这年秋天是个丰收的季节，秋高气爽，空气中弥漫着稻香和酒香。东街的那户谢姓人家，大门口人来人往，男女老少在急切地等待，一个叫谢洪绪的老人更是一脸焦急。

终于，他们听到一声婴儿的啼哭，接生婆探出了头报喜。

是个男娃！

人们的脸上充满欢喜，那个叫谢洪绪的老汉做了爷爷。谢洪绪人称佐清公，他早已为这个刚出生的长房长孙想好了名字——名为"晋",号"淝捷"。

这名字当然有来头。

谢塘虽然不大,但却名声在外,皆因相传浙江谢塘的谢氏家族由中原迁来,按家谱排,谢晋为东晋宰相谢安的第五十三世孙。

这个谢安,就是当年辅佐晋孝武帝,并在淝水之战中以少胜多、为东晋赢得几十年和平的著名宰相。

谢安的人生巅峰是淝水之战的胜利。公元三八三年,前秦苻坚率领百万大军南下进攻东晋。在危急时刻,谢安负责总揽全局,担任东晋征讨大都督。谢安命弟弟谢石和侄子谢玄率领八万大军前去应对,以八万对百万,谢安取得了胜利,这场战争也成了历史上以少胜多的范例。谢安后来又趁机北伐,收复了黄河以南的大片失地,可谓功名显赫,万古长青。

谢安是许多人歌颂的对象,他们把溢美赞颂之辞写入诗中,成了千古绝句。

唐朝刘禹锡在《乌衣巷》中写道:"朱雀桥边野

草花，乌衣巷口夕阳斜。旧时王谢堂前燕，飞入寻常百姓家。"诗中的"谢"，指的就是东晋名相谢安。

李白的《梦游天姥吟留别》里有诗句："谢公宿处今尚在，渌水荡漾清猿啼。脚著谢公屐，身登青云梯。半壁见海日，空中闻天鸡。"这里的"谢公"，指的也是谢安。

其后，这个家族还出了中国山水诗的始祖谢灵运，是名副其实的名门望族、书香门第。

族里人都好读书，做祖父的也不例外。谢佐清是上虞乡贤，当然对长孙有所寄托。"泚捷"和"晋"，皆和老祖宗谢安有关。其实谢晋还有个小名，叫镇方。

谢晋的祖父在谢塘办了一所小学，叫陈留小学。为什么叫陈留，那是因为谢塘的谢家是由河南的陈留移居于此而后繁衍壮大的。

到了入学年纪，谢晋就读于这所小学。上学那天，是爷爷谢佐清牵着谢晋的手走进校门的。

谢晋很聪慧，学校里的老师经常夸他，这让爷爷很开心。

远在上海的父亲当然也很关心儿子的学习，

谢晋十岁那年，父亲回老家，想给儿子带个礼物。父亲和爷爷一商议，决定给十岁的谢晋带件特殊的礼物。

他们带回一套多达五百册的《小学生文库》送给谢晋。这些书成了谢晋那些年的至宝，他从中学到很多东西，受益匪浅。

上虞谢氏家族出过很多诗人，谢灵运当然是杰出代表。诗人好以诗会友，会友得有美景和美酒，上虞这几样都不缺。

一千多年前，四百多位唐代诗人陆续沿着曹娥江溯流而上至上虞，一路留下数千首闪耀古今、脍炙人口的美丽诗篇。

人们管诗人们走过的水道陆路叫"唐诗之路"。

那条路不仅是诗的路，而且融合了中华文化的很多方面，例如书法、茶道、戏曲、儒学、佛道、陶艺、民俗、方言、神话、传说等。

仅上虞这个地方，就出过三国"竹林七贤"之一嵇康、东晋时的谢安、南北朝时的谢灵运等文人。之后，大小文人不计其数。

酒和戏

谢晋的妈妈姓陈,是余姚一个大户人家的四小姐。当时,有人为谢佐清的大公子提亲,女方的家人不放心,谢晋的外婆派儿子前往谢塘了解对方情况。

谢晋的一个舅舅趁着那晚谢塘上演大戏,让提亲的人带他去戏园子里,提亲的人指着观众中的一个后生对谢晋的舅舅说:

"就是那个印堂饱满、浓眉大眼的。"

谢晋的舅舅远远地打量了一番,回家后对母亲说:"那是个歪脖子。"

一句话,让陈家人很失望。

提亲的人知道了这个消息,心想,哪儿来的

歪脖子啊？明明是好端端的一个人嘛！于是他就跑去谢家，一问才知道前一晚看戏时谢家大公子确实一直歪着脖子。那是因为当时谢家大公子的脖子长了个脓疮，不歪着会难受。

提亲的人又拉着谢家公子去了陈家。

提亲的人说："谢家公子是个戏迷，他脖子上长了个疮，家里不让他看戏，他偏要去看，脖子痛，他只好歪着脖子坚持看完了那场戏……"

谢晋的妈妈也很喜欢看戏，知道有个"志同道合"的男人将成为自己的终身伴侣，不由得窃喜。

谢晋的外婆见这谢家后生一表人才，还打得一手好算盘，更是喜上眉梢。这门亲事顺理成章地结下了。

谢晋的父亲叫谢春溥，这个男人大学毕业后去了上海谋生，在公司里做会计。他天生精明，对数字敏感，因此很快就获得了老板的信任。

谢晋儿时对父亲印象不是很深，只记得父亲年关时候会回老家一趟，过完年又匆匆去了那个叫上海的地方。

父亲不在家，谢晋主要由祖父和母亲看管。

谢晋的母亲叫陈振美，是一位大家闺秀，同时是个戏剧迷，爱看戏。江南自古以来遇红白喜事，或者是年节时候，多请戏班子来唱戏，这种戏叫社戏，鲁迅的小说《社戏》对唱这种戏的情形有生动的描写。

谢家屋宅的背后有座山，叫夏盖山，独立于虞北平原，其形酷似馒头。关于山名，说法很多，有古书说："山形如盖，因以为名。"有另一古书云："相传神禹曾驻于此。"因大禹姓夏，山形如盖，因此叫作夏盖山。

山上有"盘山十八井""白龙兴云池""鸣阳三亭"和姑嫂庙等古迹。

谢晋小的时候，夏盖山上的树木比现在多。水土好，树长得枝繁叶茂，花草自然也生长得让人心旷神怡。那里还有石崖，怪石林立。孩童乐于贴近自然，山上是他们喜欢去的地方。

谢晋小时候淘气，常跟着乡间的孩童到处疯玩野荡。有时玩得疯了，常惹些事端，让家里大人担忧。有一次，谢晋和小伙伴在山里玩，不小心磕破了额头，后来那地方就留下了一道疤。

水就更不用说了，绍兴是江南水乡，到处是河沟水汊，时常有孩童溺水的悲剧发生。尤其是天一黑，外面就更危险了。晚上，各家对孩子的看管更加严格。家长们常常苦思冥想各种方法拴住孩子，防止他们外出。

诗和酒不分离，自古名家好名酒。李白人称"酒仙"，杜甫则被称为"酒圣"，他们常常"斗酒诗百篇""市上酒家眠"。这里有"唐诗之路"，自然也有好酒。

绍兴出名酒，叫花雕，是种黄酒。谢晋出生在秋季，算是在酒香中来到这个世界的。那季节收了秋，家家酿酒。绍兴以黄酒名闻天下，谢塘也不例外，一到秋天，谷物归仓，家家户户便开酿老酒。

那一带有个风俗，哪家酿好了酒，邻人就会开坛共品这家的美味。

这一天，街巷里涌着酒香。傍晚时分，家长们呼喊在外的孩童回家吃饭。陈振美也像往常一样对着大门外喊："镇方哎，吃饭了哟！"

不见人应，女人找到街巷里。

"镇方归家吃饭！"喊了无数声。

还是没人应。

找不到儿子谢晋了，女人问那些平时一起玩的小伙伴，他们齐齐摇头。

这下谢家上下都吓坏了，那一夜，大人们四处寻找，谢塘从没有过那么多灯笼、火把。一个四岁的孩子能去哪儿呢？他们到处找，找遍了谢塘的每个角落，他们喊叫着谢晋的小名镇方，可一直没有回应。

那一晚，谢家人彻夜未眠，陈振美更是哭肿了双眼。

其实，谢晋哪儿也没去。

四岁的小谢晋和一帮孩子，跟着大人去串门尝酒，东家喝一口，西家品一盅。后来去柴房里玩，不知不觉在草堆中睡了过去。

还好有惊无险。

后来母亲去看戏，就带了儿子去，没想到这个顽皮的孩子很安静，专注地看戏。

这很好，不如看戏时带上这小子，省得再出

意外。

　　赣浙皖，是中国戏剧的发源和繁荣之地。临川出过王安石等文学大师，也出过被誉为"东方莎士比亚"的戏剧家汤显祖。而与浙江相邻的赣东北一带，是戏曲声腔"弋阳腔"的发源地。绍兴这一带，也是越剧、绍剧的故乡。每逢庙会，过年过节，还有大户人家有红白喜事，就会请戏班子来唱戏。戏台多搭在水上，观众在岸边或者船上，观者如潮，很热闹，像陈家四小姐这样的戏迷很多。

　　戏班子在开幕前，一直敲锣打鼓，制造出喧天的响动。那时各家正吃晚饭，锣鼓声会让一些人坐不住，谢晋更是，鼓声锣声一直在他耳畔催促着。

　　日头西下，通往戏台的路上，男女老少都拿了竹椅木凳，在岸边找地方坐下。场地一片嘈杂，但开场锣鼓一响，幕布拉开，顿时就鸦雀无声了。角色出场，唱腔出喉，观者更是全神贯注。

　　当年这一带唱戏常常唱连场，从日落唱到第

酒和戏　11

二天日出。

谢家的媳妇陈振美也常常通宵看戏,她很奇怪,别家的孩子看的都是热闹,听不进曲,也听不懂词,戏开场不久,就都在父母怀中睡熟了。只有自家的这个男孩例外,大幕拉开,他就安静了,瞪大了眼睛神情投入地看戏。

在谢塘的岁月里,谢晋看了很多戏。那方舞台给他展示了另一个天地,带给他对于中国历史的启蒙,让他看见了各种人物,也让他受到中国传统文化的熏陶。

谢晋后来一直怀念家乡,他知道童年时期家乡文化的浸润对他的成长何等重要。

那山那水那人,那诗那酒那戏……

去上海

清明节,族人都回家乡祭拜祖先,谢春溥当然也回了谢塘。

下船时,众人愕然。

谢春溥穿了一身西装!以往每次回乡,这个男人总是把城里的装束换了,穿着长衫,可这回穿的是一身西装。

这回不一样了。

谢春溥做事兢兢业业,业务能力出众,很为公司赏识,不久坐到了上海电机总公司总会计师的位置。

按现在的说法,他成了一位高管。

成了高管,待遇当然不同以往。谢春溥不仅

在上海站住了脚，还有条件将家小接到上海去。

陈振美那天也画了妆，衣服里外一新。谢晋看着，高兴起来，他想，只有过年过节或者去外婆家，妈妈才会这样。妈妈回娘家，常常把谢晋也带去外婆家。在谢塘，族里人对谢晋管束严格，但在外婆家却不一样，外婆对他很宠爱，好吃的好玩的任由他享受。

谢晋问妈妈："我们是要去外婆家吗？"

母亲却招呼姐姐和谢晋，对他们说："你们把课本和生活中需要的东西全带上。"谢晋这才发现，家里人大箱小箱地收拾了不少东西，那些东西被几个男人搬上了船。

他们当然不是去外婆家，去外婆家不会这么兴师动众。

那一套五百册的《小学生文库》，谢晋小心地收拾在了行李中。

妈妈说："这东西重，就不要带了吧？"

谢晋说："我每天都要看的……"

妈妈说："到了城里再买一套就是了。"

谢晋说："我喜欢这些，我只看这些。"不仅因为这套书是祖父和父亲当年送的，意义非同寻常，更重要的是，这些书陪伴了他很长的日子，也给了他很多的知识和想象。它们不只是书，更是他的朋友。

一家人都上了船，到了一个叫驿亭的地方，他们才下船。那时候从谢塘去上海，得先坐木船，然后改乘火车，驿亭是火车经停的一个小站。

火车来了，巨大的车头冒着烟，发出轰隆的响声……谢晋姐弟俩都很兴奋。

谢晋只是从大人口里听说过火车，今天是第一次见到，当然也是第一次乘坐。

火车把一家人带到了宁波。从宁波去上海也是坐船，但坐的不是木船，而是轮船了。

谢晋也是第一次坐轮船，轮船把他们带去的地方，更是另一番景象。

那个地方叫上海。

二十世纪三十年代，上海与中国的其他许多地方已经不一样了。那里高楼林立，车水马龙。

人们管那里叫十里洋场。

那年，谢晋八岁，继续在上海读小学。

八岁的孩童对什么都感到新鲜，而上海的新鲜事物更是让他目不暇接。只是上海缺了儿时的玩伴，也缺了那些山水田野，让他有几分郁闷。

爸爸谢春溥把家小接到上海，完成了男人成家立业的一小步，他觉得还有一大步得走，于是成天埋在他的业务里。白天整天在公司，晚上回家，拖着一身的疲惫，过问一下子女学习的事和家里的琐事，就睡了。

上海不仅有戏剧，还有一种更新潮的艺术，叫电影。

妈妈陈振美这位大户人家出身的有些文化的小姐，在家坐不住，但初来乍到，又不像原来在乡间，有很多朋友，走东串西的好打发日子。上海跟老家不一样，谢家母子没能一下子融入这个社会。

但电影这东西很不错，陈振美很快就爱上了电影。

当妈的就常带儿子去看电影。

电影是一八九五年才出现的。法国人卢米埃尔兄弟，在巴黎卡普辛路十四号大咖啡馆的地下室里，以售票形式向公众展示了一些用他们发明的"活动电影机"拍摄的影片。当放映作品《火车进站》时，银幕上火车头冲着镜头呼啸而来，观众们以为火车将从银幕里冲出来，吓得惊慌四散。

一九〇五年，北京丰泰照相馆的老板任庆泰，为了向著名京剧老生谭鑫培祝寿，拍摄了一部由谭鑫培主演的戏曲片《定军山》。这成了中国历史上的第一部电影。

谢晋一家搬到上海居住时，电影已经传入上海几十年了。一九〇八年上海虹口大戏院开始放映电影，这是中国最早的电影院之一。

当时上海的电影院已经有多家。例如海宁路的维多利亚影戏院，南京路的夏令配克影戏院、大光明大戏院，四川路的爱普庐影戏院和新爱伦影戏院及大上海大戏院等。

陈振美带儿子去的是同孚路附近的一家电影院，那里离他们家比较近。

当时上映的影片不少，有中国的，也有外国的。比如《魂断蓝桥》《摩登时代》《人猿泰山》《关东大侠》《荒江女侠》《桃花劫》《大路》……

陈振美带儿子第一次看的电影叫《姊妹花》，那部电影讲述的是一对孪生姊妹的不同遭遇。

那天，十一岁的儿子看完电影竟然和母亲讨论起剧中人物和故事。

"二宝多坏，大宝多可怜……"

陈振美很惊讶，她没想到儿子有这么多感想。

"要是有一天我能演电影，我就演个神仙，帮帮那个可怜的大宝……"

母亲笑了。

从那以后，一有好电影上映，陈振美总要带上儿子。他们看了《渔光曲》《大路》《天伦》《狼山喋血记》等影片。当时的很多优秀电影，谢晋都是在那一时期看的。

陈振美不会想到，多年以后，儿子会成为中国电影界著名的导演，还拍了一部叫《舞台姐妹》的影片，讲述了另一对姐妹花的故事。

中学生涯

谢晋在上海读了四年小学,就要毕业了。

这个谢家的大公子要读中学了。

儿子该去哪儿上学?进什么学校?谢春溥和陈振美有些纠结。那些日子里,他们花了很多时间来思考这个问题。在上海读书当然很好,但那时候日本人已经打到了上海,占领了上海郊区,战火随时会烧到城区来。社会局势不太好,上海市内人心惶惶。相比之下,老家绍兴离战火还远一点儿,相对安全。

思来想去,他们想到家乡的一所学校。那所学校叫春晖中学。

上虞的春晖中学当时很有名。春晖中学原名

叫春晖学堂，是上虞一个叫陈春澜的人办的，陈春澜也在上海。

陈春澜小时候家里很穷，他没钱上学，只好在老家做农活儿。但乡里人发现这男孩对数字比一般人敏感，打算盘时十个手指动得让人眼花缭乱。他的四叔说："我带他去外面做学徒吧。"他的四叔带他去了汉口，那里有家汇丰钱庄，陈春澜被安排在那里做学徒。

果然，陈春澜很精明，他眼观六路，耳听八方，很快就深得钱庄经营之道。后来他去了上海，抓住时机，创办了首家钱庄——永丰钱庄。随后，又以合资、独资或先合资后独资的形式，在上海先后开设了寿丰、兆丰、五丰、宝丰、厚丰、和丰、溢丰、志丰、鸿丰、春丰十家钱庄。由于资金雄厚，经营有方，陈春澜成为当时上海一带绍帮的杰出代表。

那时，绍兴的许多年轻人都以陈春澜为榜样。谢晋的父亲谢春溥学会计，可能也受到了陈春澜的影响。

陈春澜经营钱庄，发展实业，终于大展宏图，发家致富。

有了钱，陈春澜想做点公益。做什么好呢？他没上过学，切身体会到缺少文化之苦，亦深知兴办教育、培养人才的重要性。他有了余钱后，就亟思捐资兴学，以了心愿。

一八九八年，他出资在上虞开办了算学堂。一九〇八年，陈春澜又捐出巨资，在上虞小越横山创办了春晖学堂。不久，经乡贤经亨颐、王佐等人建议，又出资将春晖学堂改办为春晖中学。

这座学校坐落于上虞白马湖畔，依山傍水，风景优美，钟灵毓秀，人杰地灵。

春晖中学名师如云，何其了得！如硕彦、夏丏尊、朱自清、丰子恺等均曾在此任教。在学校讲过学的，还有蔡元培、黄炎培、胡愈之、何香凝、俞平伯、柳亚子、陈望道、张闻天、黄宾虹、张大千、叶圣陶等诸多精英。

他们哪一个不是当时的名人名士？

很快，谢晋进入了春晖中学，开始了他的初中生涯。

谢晋和父母当时想的一样，他要在风景秀丽

的学校里安心度过他的中学生涯。这所学校在老家，学校老师中有颇多乡贤，和祖父的关系都不错。

谢晋的祖父谢佐清，也是上虞有名的乡贤，曾经和巾帼英雄秋瑾以及光复会的徐锡麟共事深交，当然和春晖中学上下都很熟。

从各方面看，谢晋在这里读书再好不过。

但人算不如天算，谢晋的中学生涯注定不会那么平静。

一九三七年，谢晋小学刚毕业的这个暑假，坏消息不断传来，上海甚至整个中国都人心惶惶，风雨飘摇。

先是七月七日，卢沟桥事变爆发，日本军队在北京一个叫卢沟桥的地方向中国军队发起进攻，中国守军奋起抵抗。这一战，标志着中国全民族抗战的开始。

八月十三日，日本军队大举进攻上海，中国军队进行抵抗，开始了淞沪会战。三个月后，上海沦陷，紧接着苏州、嘉兴失守。

十二月，南京沦陷，日本人在南京屠城。

血雨腥风，风声鹤唳。

上虞也不再是世外桃源，甚至还没有在上海安全，谢春溥和陈振美觉得子女在身边更为放心一些。

谢晋进入春晖中学读了一学期后，有一天收到父母的来信。在信中，父母说这个学期结束后，下个学期他们还是想让谢晋回上海读书，这决定让谢晋有点措手不及。但想想，一个少年，置身于兵荒马乱之中，也常凄惶。如果父母在身边，将会有个依靠，有个主心骨。

谢晋回到上海，进入浦东中学继续学业，同时继续的当然还有电影。这回他除了跟家人一起去看电影外，还跟同学去。这时候谢晋虽然还像从前一样坐在电影院里安静地看完银幕上光和影映出的故事，但他已经不满足于整天只坐在那里看别人的人生故事了。他期望自己的人生也能有吸引世人的故事，至少自己也能像影片中的演员一样，在生活和戏里都粉墨登场，演绎人生的精彩故事。

局势越来越恶劣，谢春溥是个学会计的，精

于权衡。他也不得不估计局势，规划自己的小家。国家风雨飘摇，小家更是安危难测。风高浪大，大船都不保，小船更是有可能随时倾覆。

战火连天，国民颠沛流离。谢晋的中学生涯也可以用"颠沛流离"来形容。

谢晋在浦东中学又读了一个学期。不久，父亲有了个去香港的工作机会。谢春溥想，内陆除西南之外，半壁江山沦入敌手，南方的香港应该相对安全一些。左右盘算，谢春溥和陈振美觉得把儿子送去香港读书不失为最佳选择。再说，近来儿子谢晋的一些行为有些出格，竟然喜欢上了戏剧。这还了得？戏子是世人看不起的，喜欢上这个，家族绝对不允许。父母两人一直宠着儿子，不好过分指责他，不如干脆让他去南方，早点断了他这念想。

妈妈那天说："知道吗？你爸爸要去香港做事了。"

谢晋觉得这没什么，自小父亲就不在身边，他和妈妈、姐姐早已习惯了。他想，父亲不在身边，似乎自己更自由一些。

但父母做出的是另一种决定。

妈妈说:"镇方,你准备下,你爸爸在香港找了关系,我们搬去那儿,你要在香港上学了……"

谢晋不想去,但还是得去。一是难违父母之命,二是对香港也充满了好奇。

他随父母去了香港,在那里读了一年半书。

让谢春溥没想到的是,香港较之上海,也好不到哪儿去。谢家去了之后不久,香港也不再是安全的孤岛了。日军不时派出飞机轰炸,但香港民众抗战热情也很高。武汉合唱团步行到香港,一路宣传抗日,街头到处都有活报剧演出。谢晋常常挤在街头的人群中参与救亡活动。这时,谢晋和其他人一样,也身怀报国之志。身处这个时代,国之不国,家之不家,这纷乱但充满激情的年代,让处在青春期的谢晋在性格和思想上有了很大的进步。

不久,香港沦陷。

谢春溥决定还是回上海。

父亲谢春溥在上海的一所中学为他报了名,谢晋升入高中,在那儿读了一年。之后又转到稽山中学,其实这是绍兴稽山中学在上海的一所分校。谢春溥很看重老乡办的这所学校,因此将儿子转入其间就读。谢春溥发现,儿子已经不太服他管束了,心思已经不在学业上,对数理化也没多少兴趣了。

儿子的心思放在了别的方面。

爱上戏剧

离稽山中学不远,有所华光戏剧专科学校,还有个金星电影训练班,那是上海金星影片公司办的。

有人说:"在那里能看到大明星呀。"

这话很吸引青春期的少年,谢晋和几个同学对那个地方充满好奇,他们终于忍不住相约往那地方走去。

谢晋和几个热爱戏剧的同学喜欢上了电影训练班,他们偷偷地看那些学员上课。电影训练班师生上课多是排戏,这当然很有意思,就像看到了活生生的"电影"一样。学校的老师都不是一般的人,那些老师中有周贻白、姚莘农、周剑云、黄佐临、金韵之等人，当时在电影和戏剧界都小有名声。

有一回，同学中有人朝一个老师问："我们能不能来这里当学徒？"

那个老师笑了："这不是学徒，这是学艺。"

"那我们能来这里学艺吗？"

"当然可以！但要面试哟！"

那天，谢晋也参加了面试。老师们发现这几个常来这儿的中学生里还真有人才，这个个头儿高高、眉清目秀的少年非常具有表演天赋。

他们报了电影训练班的夜训班，利用节假日和晚上去那里学习戏剧。

谢晋对数理化已经失去兴趣，他不想再去别的地方读书。那时候，在上海训练班学习，谢晋觉得自己渐入佳境。他还参加了于伶等大师支持的学生戏剧活动，是积极分子。在多幕剧《岳云》中，他披挂盔甲登台，显露出表演才华，展现了爱国情怀。少帅的风采在他的表演中得到呈现，观众给予他不少掌声，他觉得自己能在表演这条路上走下去。

他还参演了《王三》《求婚》《人之初》等话剧，有些老师看了，不禁朝这个少年竖大拇指，并不是赞赏谢晋演得好，演得出彩，而是赞赏他的那种投入。每次演戏，谢晋都很投入，很认真。

他想继续尝试戏剧，但他知道父母的态度。有一回，母亲带他去看电影，他说他要是能像电影里的人一样就好了。母亲瞪大了眼睛看他。在母亲看来，银幕上那些故事只是自己去观赏的，从没想到谢家人要去掺和演戏的事。谢家在谢塘甚至上虞，都是有头有脸的乡绅人家，怎么会允许有人去演戏？玩票可以，但那只是玩。

谢晋小时候当然也听过那些歧视戏班子的人的顺口溜，但谢晋不以为然，他觉得时代变了，一些旧观念旧思想将随着时代而改变。

谢晋的学业在父母看来每况愈下，儿子像条船，只是这条船不知什么时候开始就不再按谢家大人们先前设计的航向行驶了。

大人们很焦急，不是一般的焦虑，是忧心忡忡。

但儿子那边却有个"高人"已经为儿子做了指点。

金星电影训练班里有个老师叫黄佐临，他一九五〇年参与创建上海人民艺术剧院，担任院长，是中国著名的戏剧理论家。这个人后来成了著名的导演，在业界很有名气。

黄老师颇具慧眼，很欣赏少年谢晋。他常常亲自辅导谢晋，有时就叨叨："你该去专科学校学的，不然就耽误了好苗子。"

谢晋虽然很信任黄老师，但觉得老师鼓励的言辞，只是那么随便说说的。

黄佐临说了好几回，谢晋才瞪大了眼睛问："真的?!"

黄佐临点着头。

"最好的地方是国立戏剧专科学校，那是国内学戏剧最好的学校。"黄佐临说。

"那我就去考那所学校！"谢晋说。

黄佐临笑了："谈何容易！"

谢晋说："老师，请相信我，我一定能考上！"

黄佐临说的显然不是这个。那时，国内各大名校都已经迁往"安全地带"：北大、清华等校先后迁至长沙、昆明，组建西南联大；在杭州的浙江大学也迁至了贵州的湄潭；原在南京的国立戏剧专科学校，也几经迁徙，落脚在四川一个叫江安的偏僻小县。

上海离那里很远，不只是远，而且一个是敌占区，另一个是国统区。

那是一九四一年，谢晋十八岁。

谢晋的祖父、父亲、母亲，几年前就已经给谢晋规划了成长道路。按家族设计的成长路线，谢晋就在身边选一所大学深造。就算不读国立大学，也该读已经迁至重庆的复旦大学或上海交通大学。然后，去美国哈佛大学等名校深造。谢晋走的求学之路，应该是书香门第的子弟走的路，学的当然是官场商场实用的学问，学成后或者当官，或者经商。这样才能出人头地。

但谢晋认死理，他想学戏剧。

下半年他就要读高三了，还有一个学年，即将结束他的高中生涯。

暑假的一个傍晚，正埋头吃着晚饭的谢春溥和陈振美突然看见儿子谢晋把手里的饭碗重重地搿在了桌上。

"下学期，我不想读高三了！"谢晋突然向父母抛出这么一句话。

谢春溥和陈振美愣愣地看着自己的儿子。

父亲说："你不读书了？怎么会突然不想读书了?！"

母亲也说："就是呀，好好的，你怎么就不想读书了呢？"

谢晋说："谁说我不想读书了？我是说我不想读高中了！"

谢春溥和陈振美一头雾水，他们弄不清儿子到底是怎么想的。

谢春溥说："你不读高中了，那不就是不读书了吗？"

谢晋说："我想去读戏专！"

谢春溥和陈振美觉得儿子这话太离谱，简直是白天说梦话。一来谢塘的谢氏家族不可能容忍子孙去演戏；二来上海和周边一带，根本就没有学戏的学校。颇有名气的那所戏剧专科学校设在外地，但此前迁往长沙的国立戏专，又不知道迁到哪里去了。

直到谢晋重复了一遍自己的想法，谢春溥和陈振美才意识到已经长到近一米八的儿子已经铁了那颗心了。

陈振美吓坏了，她不知道儿子是什么时候变得鬼迷心窍的，这也太荒唐了吧？谢春溥一向很少和夫人吵架，但在这事上他忍不住责怪起夫人来。他想，如果不是夫人经常带儿子去看戏，看电影，儿子的脑子里哪里会产生那么奇怪的念头。

这对夫妻吵了一场，但想想也不济事，既然这在谢氏家族里不是一般的小事，就得让族人知晓，也许族老们能想出个好办法来。

果然，谢家族人的反应很强烈，族老们说，这还了得？好好的一个书香门第、官宦之家，怎么能允许家族中子弟去学戏？"子不教，父之过"，责怪声铺天盖地地倾泻到了谢春溥的头上。儿子读书的事，让他伤透了脑筋。知子莫若父，对于儿子谢晋，谢春溥和陈振美比谁都了解，他已经十八岁了，是个成年人了，而且对自己认准的事向来十分执着。做父母的深知，采取极端的手段，动用所谓家法、族规，已经对谢晋不起作用了，只会让他产生极端的想法，惹出事来，他们已经束手无策了。

那些日子，谢春溥和陈振美不知道是怎么挺过来的。他们想，离暑假还有些日子，也许儿子只是一时的冲动。再说，要考国立戏专，已经不是很容易的事了，戏专已经迁往一个偏僻遥远的地方，离上海千里之遥，山高水远。更何况兵荒马乱，车船不畅。这些，都可能让儿子放弃他那"痴心妄想"。

可接下来发生的事情却更为严重。

谢晋失踪了。父母没有给儿子施压，没有骂，更没有打，但这个谢家的"不肖"子孙却突然不见了。

谢春溥和陈振美急了，谢家族老们也急了，急得像热锅上的蚂蚁。

大家找遍了谢晋可能去的地方，但毫无他的

踪迹。

谢晋突然"失踪",这在上虞谢塘,是件大事。

一石激起千层浪,这使得谢春溥和陈振美及谢家族老们再也顾及不了那么多了。他们觉得只要找到谢晋,只要见着活人,一切就由了他吧。

那时候,上海常有人口失踪的事情发生。想起这些,谢家的人就坐卧不宁,寝食难安。

他们想去报纸上登个寻人启事,才起草完,邮差就送来一封信。

信封上的字是谢晋的。拆开,读完,一块大石头在谢春溥和陈振美心里落地了。

族人们从没想到,那个"胆大妄为"的不遵谢家"古训"和"族规"的晚辈谢晋,竟然真的去了那个几乎远在天边的蜀地江安。

谢家的族人们觉得有些难以置信。

在江安的日子

对于四川的那个叫江安的小县城,谢家族人和谢晋一样,先前一无所知,对他们来说,那是一个与他们的生活不相干的偏远地方。他们也从没想到那个小县城会和他们的一个子弟有那么紧密的联系,不仅影响了谢晋的婚姻和事业,也在很大程度上决定了他的人生。

当年从上海去江安,确实是段艰难的旅程。

先坐轮船到香港,然后到广东,再由广东到广西、贵州,从贵州再入四川。要知道,那是个战火连天的年代,谢晋的江安之旅,是在硝烟和炮火中完成的。谢晋几乎是夹在难民堆里,颠沛流离着前往的。他经过千难万险才看到那边岗哨的旗子，禁不住流出了眼泪。

一九四一年的江安，人口才一万多，离当时的陪都重庆倒是不远，有三百多公里路程。岷江和金沙江两江在宜宾汇流，下游不远就是江安。长江岸边的这个小县城盛产毛竹，是有名的竹制品出产地，自古四川和重庆的竹制品大都来自这个地方。

城西有座文庙，堂堂的国立戏剧专科学校就坐落于此。殿堂成了教室，厢房是老师的办公室和宿舍。另外的几间屋子，成了男生女生的宿舍。

谢晋记得那天到达目的地时，他长舒了一口气。一路奔波，谢晋瘦了许多，显得更高挑了。他把行李放下，第一件事就是给远在上海的家人写信。他知道他突然不告而别，让父母承受了多大的痛苦，可是他太了解谢家的家规了，不这么做，族人永远不会让他到这地方来。

只能先斩后奏，把生米做成熟饭。

寄出那封家书后，谢晋的心彻底地放了下来，一路上心上仿佛有块石头，让他觉得沉重。谢晋知道自己的"不孝",知道自己犯下的"错",但他如果不这么做,而是按父辈设计好的人生路线走的话,自己的抱负和理想就成了泡影。

十八岁的谢晋心里很清楚,既来之,则安之,于是他悬梁刺股,奋发图强。他要杀出片天地,拼出个样子来给族人看看,看谁笑到最后,谁笑得最好。

我就是要做那个笑得最好的人,谢晋这么想。

到谢晋入学时,国立戏剧专科学校已经创办了七年。七年间却换了好几处校址,先是在南京建校,抗战全面爆发后,学校由南京迁往长沙。后长沙局势吃紧,又迁到重庆。又因重庆不时遭到日寇飞机的轰炸,影响教学和师生安全,才又迁往长江上游的江安。

江安小县城里的一座文庙,成了中国培养戏剧和电影人才的地方。

就是这么个简陋的地方,当年,集中了中国戏剧界的精华,在里面任教的都是当时戏剧电影界的文化名流。

校长叫余上沅,是当时的戏剧理论家。教务

主任叫曹禺,二十多岁就已经是中华全国戏剧界抗敌协会的理事,写了多部当时享誉全国的戏剧剧本,如《雷雨》《日出》《原野》等。老师们也个个都非同一般,比如洪深、焦菊隐、张骏祥等。

谢晋是戏剧专科学校的第七届学员,戏专在谢晋入学前一年办了个五年制的话剧科,谢晋是第二届的学生。那时候,话剧刚刚从西方传入中国,几位老师也都是留学回来的。

话剧科的主任就是焦菊隐。

焦菊隐是谢晋很崇拜的一个人,是一位留法的博士。就是这个人,把莎士比亚的《哈姆雷特》首次搬上了中国舞台。

焦菊隐也是话剧科的主讲老师,他上课很特别。他不仅讲戏剧,还讲西方的哲学、美学等。讲戏剧多是实地排练,分析人物,拿起剧本,老师做演示。焦菊隐等老师表演和导演的基本功扎实,演什么像什么,说戏时深入浅出,把人物演绎得惟妙惟肖。

谢晋和同学们自然很喜欢听这种课。

教务主任曹禺屋里，常常通宵亮着灯。那时江安没通电，都是用的油灯，灯光忽明忽灭。学生是十几人住一间屋，老师也好不到哪儿去，四五个人挤一间房子。天亮时，室友看到这个年轻教师在门口长吸一口气，舒展一下腰身，就知道又有好消息了。

好消息是曹禺老师又完成了一部剧本的创作。

这个三十岁刚出头的年青才子，二十来岁时就已经很有名，写出了《雷雨》《日出》《原野》。这三部名剧，被称为"曹禺三部曲"。

战火纷飞的动荡年代，在江安这座小城的破旧的文庙中，曹禺竟然写出了《蜕变》《北京人》等经典作品。那年初冬，曹禺率国立戏专师生赴重庆演出《蜕变》，蒋介石看后下令禁演。

一边进行戏剧教学，一边写剧本，进行戏剧创作，当年国立戏剧专科学校的师生们以戏剧为武器投入抗战。谢晋和同学们不仅在教室里上课，也在教室里排戏。

江安的国立戏剧专科学校，其实就是一个剧团。剧团里所需的人才，这里一应俱全，有编剧、导演，还有男女演员。

师生们同台演戏。

当然还得有剧务、场工、场记等，这些也都是师生们自己来干。

有一天有出戏要公演，拉幕的教工大叔生病了。导演想，没拉幕的也不行呀，环顾四周，就看见谢晋了。谢晋个子高，力气大。导演想，拉幕是个力气活儿，他比较合适，就这男生了，救场如救火。于是导演让谢晋拉幕。

没想到谢晋拉得很好。拉幕并不只是个力气活儿，舞台上的大幕启和合极有讲究，谢晋拉幕时会根据剧情的需要，快慢有致，从而配合烘托剧情，让观众有了更好的体验。

谢晋还做过场记。谢晋做场记不仅记该记的，他还把导演的话一句不漏地都记了下来。重排或者重演时，谢晋竟然能协助导演工作。

老师洪深排戏，专找谢晋做场记，说"这位场记好，能当副导演使"。

谢晋当然也演戏，在老师、同学眼里，他演戏很投入，演技不错。

在江安的日子

学校排演了场新戏，叫《清宫外史》。谢晋演的是光绪皇帝，因演得太像，演对手戏的同学贺高英完全投入剧情，狠狠地给了"光绪"一记耳光，谢晋的半边脸肿了整整一天。好多年后，贺同学再见着谢晋时还记得这事，不好意思地说："那一巴掌我下手太重了点。"

谢晋笑着说："你打的是'光绪'，那家伙也太可恨了……"

当年的国立戏剧专科学校的师生们排练演出了很多戏。除了曹禺的那几部外，给观众留下深刻印象的还有吴祖光的《正气歌》《风雪夜归人》，顾毓琇的《岳飞》。

谢晋参与了很多戏，不管是做场工、场记，还是演主角、配角，他都很认真。他不认真也不行，老师们都很严格。有一回焦菊隐排练一场戏，谢晋在一旁开了个玩笑。大家都很累，很紧张，偶尔开个玩笑缓解下也无可厚非，但没想到被焦菊隐骂了个狗血淋头。

谢晋记住了焦菊隐——那个导演黑着脸训谢晋："在别的地方开开玩笑是放松，但排戏、演戏，演员要进入剧中的角色，你一句玩笑就把大家的情绪给破坏了！罪大恶极！"

焦菊隐叫他在一边罚站、反思，足足站了一上午，谢晋把那话记了一辈子。

谢晋后来自己做了导演，也绝不允许有人在他的片场上开玩笑或说不相干的话。

初恋和出道

国立戏剧专科学校迁到江安,是这个县城的民众做梦也没想到的。小小的江安在那些日子里会聚了中国戏剧界许多举足轻重的人才。

江安过去偶尔也会有戏演出,演的多是川剧。但有了戏校后,上演的戏的种类就多了起来,大家知道了一种现代的"洋戏",也就是话剧。

师生们排练或者演戏,少不了观众,有了观众,在其中就产生了"粉丝"。

徐大雯就是当时的"粉丝"之一。

徐大雯出生在江安一个富裕家庭,虽说十二岁时父亲过世,家境也渐渐败落,但瘦死的骆驼比马大,生活上还远不到捉襟见肘的地步,仍然能继续读书。

离国立戏专几步之遥就是江安女子中学,徐大雯就在这所中学里读高中,那年她十七岁。

每当戏专的师生们排练或者演出时,女子中学的学生们下了课就跑来看戏,看多了,也跃跃欲试。

江安女子中学成立了剧社,他们不仅看戏,还想演戏。

国立戏专就在隔壁,近水楼台。要排练和演出,中学就请国立戏专的学生去帮忙,去的当然都是热心的骨干。

江安女子中学排练《回春之曲》,照例还是请戏专的学生做导演,甚至服装、化妆、剧务等都是国立戏专的学生充当,谢晋自是主力。

这回,他注意到一个爱笑的女生,这个叫徐大雯的女生在《回春之曲》中演梅娘。这一角色,被她演得出神入化。

忙乱了一通,"梅娘"说请大家"打牙祭"。谁都知道徐大雯的家境还算过得去,再说,她很真诚,大家就真的被她喊去了酒馆。

酒馆设在长江边，大伙儿看着远山近水，品着美酒，畅谈天下大事、个人情怀……那天大家喝得挺开心。徐大雯发现，那个帅气的叫谢晋的戏专男生，不仅业务上突出，能说会道，谈吐高雅，而且酒量很好。

一来二往，大家成了朋友。因为戏剧，大家的来往也很频繁。

女子中学的女生请大家喝酒，戏专的男生总觉得有点过意不去。

谢晋要过生日了，是他二十岁的生日。他把平常的生活费积攒了下来，说生日请同学喝个酒。有人提议："把那个'梅娘'请来吧！"

江边的十字街头有家酒馆，戏专的师生常在这里"打牙祭"，川妹子徐大雯被盛情邀请，她没想太多就参加了这个生日宴会。

江安先前是个闭塞的小县，与外界鲜有联系。他们自称为"上江人"，管外面来的人叫"下江人"。全民族抗战开始后，不断地有外地的人进入此地，他们觉得这些人来抢了大家的饭碗，有点歧视外地人。徐家的小姐不好好读书，成天跟一帮唱戏的"下江人"一起混,掺和在一帮"戏子"中,简直丢尽了江安人的脸。

徐大雯演戏也就罢了,竟然和一帮"下江人"上酒楼喝酒。是可忍,孰不可忍?江安女子中学的校长迫于压力,把徐大雯给开除了。

徐大雯一副男子气概,打算去舅舅那里,她的大舅在重庆,以前家里就有人提起过。妈妈想,既然如此,也只有让女儿去舅舅那里了。

不久,谢晋也离开江安去了重庆,不过他不是刻意追随徐大雯而去的。

曹禺的几部戏让国民党当局有些不安。有特务无故搜他的家,尤其是当局的宣传部门,下禁令封杀了他的名剧《雷雨》。

曹禺去重庆找张骏祥了。

一九三九年,张骏祥从美国耶鲁大学戏剧研究院毕业,获得了硕士学位。同年回国后,曹禺请他任教于国立戏剧专科学校。两个人同庚,且志同道合。但张骏祥没在江安待多久,就回到重庆,创办了一家剧社。重庆是陪都,文化氛围很浓,当时电影制片厂很少,但剧团却不少,只有五十万人口的重庆，却拥有五大话剧团。

张骏祥善于聚集人才，富有感召力。从上海来的一大批著名影剧艺术家很快就聚拢在他的麾下，如白杨、赵丹、陶金、魏鹤龄、舒绣文、王为一、张瑞芳等。

曹禺加入张骏祥的中央青年剧社，使本来就实力雄厚的青年剧社如虎添翼。国立戏剧专科学校群龙无首，人心动荡，几个优秀的教师也坐不住了，马彦祥、洪深、焦菊隐也陆续来到中央青年剧社。

谢晋深知一点，学艺从师，要从的是良师。再好的学校没了好的老师，也是徒有虚名，名存实亡。谢晋入国立戏剧专科学校已经三年，再有两年他就毕业了，可谢晋等不及了，他又做出个大胆的决定：放弃了文凭，追随曹禺等名师加盟了中央青年剧社。

在中央青年剧社，影剧名家齐聚，卧虎藏龙，人才济济。

现在说起事业，人们常常提及"平台"两个字，说平台很重要。一个人要是拥有一个好的平台,氛围、气场和一些必需的条件都具备了,人生道路就相对开阔,潜力易被开发,事业容易发达。

谢晋去了剧社,就有了这样一个平台。

青年剧社当年排演的剧目,是当时的主流。排演的曹禺的作品有《蜕变》《北京人》《家》《镀金》,有的戏名很怪,如《正在想》,当然还有他的三部曲《雷雨》《日出》《原野》。除此之外,还演一些进步剧目,有《少年游》《黄花岗》《鸡鸣早看天》等。这些剧,谢晋都参与其中,无论是做剧务、场记,还是串演一些小角色,这个年轻人都很认真。那些导演的一招一式一举一动,都在他的观察之中。看完戏,他还细细琢磨,然后把所思所想牢记在心里。

谢晋后来成了中国乃至国际著名的电影导演,和他在重庆中央青年剧社的那段日子有紧密关系。

重庆的那些日子给予谢晋的,还有爱情。

在江安的那些日子,谢晋和徐大雯最多也就是互相有些好感的普通朋友。谢晋生日宴一事导致徐大雯被开除,迫使她到重庆投靠舅舅,进入重庆文德女子中学读高中。

谢晋去重庆后,两人来往变得密切了。徐大雯也是戏剧爱好者,虽然不演戏了,但还爱看戏。

她去找谢晋的理由很简单,就是看青年剧社的名角排戏和公演。那些日子,几乎每个周末和节假日,剧社排练场的一角都会出现徐大雯的身影。

你来我往,感情就更进了一步。

剧社的同人都知道谢晋在谈恋爱,在他们看来,这对青年男女很般配。

徐大雯还带谢晋去了舅舅家,徐大雯自小没有父亲,她把舅舅当父亲。舅舅在重庆的一家公司里做事,家境尚可。他常听到外甥女说起一个姓谢的男人,就让她把谢晋带到家里坐坐。

徐大雯的舅舅代表家族来决定这件大事,除了对谢晋从事的演员职业有些看法外,对这个小伙子的人品等方面,舅舅还是很满意的。再说当时江安对外甥女的非议,就来自这个年轻人,现在正好堵住了老家那些人的嘴。

一切算是缘分，都很自然，水到渠成。

可时局又发生了变化，不是一般的变，是巨变。

一九四四年很快过去，远方不断传来大好消息。苏联红军收复国土，集重兵往德军占领区推进；美英联军也在法国诺曼底成功抢滩登陆；美军已经占领马绍尔群岛，并开始威胁日本本土。但另一方面，日本对中国的侵略也疯狂升级，尤其对重庆的轰炸进行加码。持续的轰炸影响了戏剧行业，谢晋有些焦虑，但他也不得不和国人一样经历黎明前的黑暗。

很快到了次年，又到了暑假。徐大雯正考虑是留在重庆，还是回江安老家看看妈妈和别的亲人。不过，她又觉得，这时候应该和谢晋在一起。八月，正是酷暑时节，重庆酷热难当，八月十五号这一天，一则消息震惊中外：日本天皇宣布，向同盟国无条件投降。

侵略者被赶出中国，一切又都恢复了常态，政治文化中心由陪都顺江而下回归南京，各个南迁的学校也都逐渐迁回原址。

国立戏剧专科学校迁回南京，走上正轨。几个老师也离开了重庆，老师走时，建议谢晋把学业修完。谢晋想想，也是，善始善终，他去了南京，重新回学校读书。

徐大雯也得读完她的高中。小火轮驶离重庆时，在江边码头上给谢晋送行的徐大雯眼圈红红的，但她没擦眼睛，她相信这个瘦高的"下江人"会在那个很远的陌生的地方等着她。

一年后，一九四六年的春天，徐大雯高中毕业，谢晋从南京到了江安。这个"下江人"落落大方地把一个"上江人"接到了上海。

他们办了一场婚礼，证婚人就是谢晋的老师——戏剧家洪深。

新婚不久，谢晋赶往南京国立戏剧专科学校报到。这一回，经几位老师的建议和自己的深思熟虑，他不再学表演了，改学的是导演。

革命文艺青年

谢晋续读国立戏剧专科学校的两年，正是解放战争如火如荼进行的两年。

一九四八年的春天，谢晋从学校毕业。自己将何去何从？这是令初涉社会、步入解放新天地的谢晋颇费思量的问题。

谢春溥、陈振美和谢塘的族人无疑希望谢晋回上海。谢晋出外求学的这几年，正是中国近代最为动荡的时期之一。先是抗日的战火被点燃，烽火连天，山河破碎。好不容易出现了和平的曙光，烽烟又起，北方的战事激烈。

谢塘的这个子弟，家是成了，有了妻子，就有了牵挂，回上海应该没什么问题，可业还没立，在族人看来，谢晋到了该立业的时候了。

他的恩师黄佐临给他写了一封推荐信，推荐他去上海大同电影公司工作。

谢晋回了上海，开始涉足电影圈。

他参与的第一部电影叫《哑妻》，初出茅庐，他只能做副导演。他跟随的是吴仞之和张石川两位导演，《哑妻》由吴仞之改编自一部法国的同名舞台剧。张石川和谢晋的老师洪深是老朋友，早在二十年代，两人就开始合作电影。洪深对张石川说："我的这个学生你要认真带带，前途无量。"

张石川是中国电影的奠基人，中国第一代电影导演，是当时业界的泰斗和权威。听了洪深的话，他有些吃惊，他了解这个朋友，如果不是知根知底，朋友不会轻易说这话。

是骡子是马，牵出来遛遛就知道了。

张石川看了谢晋在《哑妻》片场的表现，眼睛亮了。

张石川对洪深和导演们说："这个后生可以放心去用！"

那一年，谢晋接连做了三部电影的副导演。那几部电影，从策划到编剧到导演，都是当时行业里的佼佼者，谢晋跟着这些大师，学艺事半功倍。

那时候，谢晋很想让爸爸妈妈看一下自己参与的电影。这是自己童年时的梦想，如今成为现实。

但谢春溥、陈振美和谢塘的族人们此时正忙于另一件重大的事。

那年的夏天，北方的枪炮声持续不绝，两支军队在北方进行了几场战役。在谢晋的老家上虞，一场瘟疫正在蔓延，谢家族人和当地乡绅一起投入抗疫的忙碌中，无暇他顾。

当地名为《上虞报》的一份报纸，在一九四八年八月某日刊登了一则消息："谢塘设时疫诊所，旅沪同乡资助其成，刘克蔚医师主持医务。该诊所设在谢塘镇西谢氏老祠内，系由旅沪同乡谢春溥、宋汝樵等捐款发起……"

也就是那时候，谢家的"上江人"媳妇怀孕了。中国人民解放军已经发起渡江战役，攻克南京，上海解放指日可待。

谢晋的大儿子谢衍就是在上海市郊隐约的枪炮声中诞生的。

谢家双喜临门，儿子降生不久，上海解放了。五个月后，中央人民政府主席毛泽东在北京天安门庄严宣告：中华人民共和国成立了！

有些人，在关键的时候总有贵人相助。这么些年来，谢晋的恩师们总是在他的成长道路上，在关键的时候给予他帮助。洪深和田汉都是有进步思想的人士，新社会新人要有新的思想，他们比一般人看得明白。

掌握了政权的共产党人，得让旧社会有才华的艺术家接受新的思想。当时华北革命大学政治研究院办了个学习班，经洪深和田汉联合推荐，并由郭沫若签字同意，谢晋考入了这个研究院学习。

华北革命大学政治研究院，教授的是无产阶级革命理论和马克思列宁主义哲学。

八个月后，谢晋完成了学业，那是他第一次到北京。学习结束，同学们说到北京城各处走走，可谢晋想着上海的妻小，毕竟儿子还小，于是他立即返回了上海。

谢晋离开的八个月，上海的电影界有了很大的变化。上海已经完成了私营工商业的社会主义改造，各种电影制片公司走上了公私合营的道路，合并成立了国营的上海电影制片厂（简称"上影厂"）。回到上海的谢晋，成了上海电影制片厂的一员。

那年，谢晋二十九岁，马上进入而立之年。

对于中国电影来说，上海是一座丰碑，中国电影史上的许多第一都是在这里诞生的——第一部故事片，第一部纪录片，第一部有声电影……

谢晋在这座电影文化积淀深厚、占据了当时中国电影半壁江山的城市，跻身新中国第一代导演行列。

谢晋真正独立导演电影，是在一九五三年。那时他刚刚完成两部电影的副导演工作，一部是《鸡毛信》，另一部叫《妇女代表》。

否极泰来，万象更新，新社会各行各业都需要有觉悟、有才干、有担当的年轻人。

上海电影制片厂早期的负责人瞿白音和徐桑楚，早年就参加革命，他们也是中国电影界的专家，识才爱才，尤其看重年轻力量。有一天，他们把谢晋叫了去，说："厂里要大胆起用年轻人，你要站出来勇挑重担哟！"

电影厂是拍电影的，电影是导演负责制，"勇挑重担"的意思就是当导演，生产电影。

和他一起"勇挑重担"的年轻人，还有从解放区来的林农、郭维，他们一起被破格提拔为导演。这几位成了新中国成立后的第一批导演。林农到过延安，曾在抗日军政大学和鲁迅艺术学院深造。后来的《甲午风云》《兵临城下》等影片，都是林农导演的。郭维也不简单，也是早年参加革命的文艺进步青年，后来导演了《智取华山》和《董存瑞》，这些影片都曾是中国老一辈观众喜爱的电影。

那个年代讲政治，还论革命资历，谢晋没有这两个人的"革命经历"，但被上级认定政治上可靠，是很不容易的。

谢晋与他人联合执导的第一部电影叫《控

诉》，由话剧改编而来，紧接着他独立执导了《蓝桥会》，是部淮剧戏剧片。虽说上面两部都属于戏剧电影，但镜头的切换、电影语言光影的运用，以及对其他手法的驾驭，谢晋都做得很到位。

谢晋导演的第一部故事影片叫《水乡的春天》。那时候，从旧社会来的导演大多缺乏农村生活的经历，对新社会的新事物、新政策等缺少了解，远离生活，远离现实，拍出的电影大多图解政策，苍白无力，对人物和故事的处理简单化，与现实生活相差很远。但谢晋做得很出色，他的童年在水乡度过，对农村的生活有过体验和了解，加之在北京八个月的学习，使得他的电影在思想性和艺术性上有别于其他人。

谢晋出手不凡。

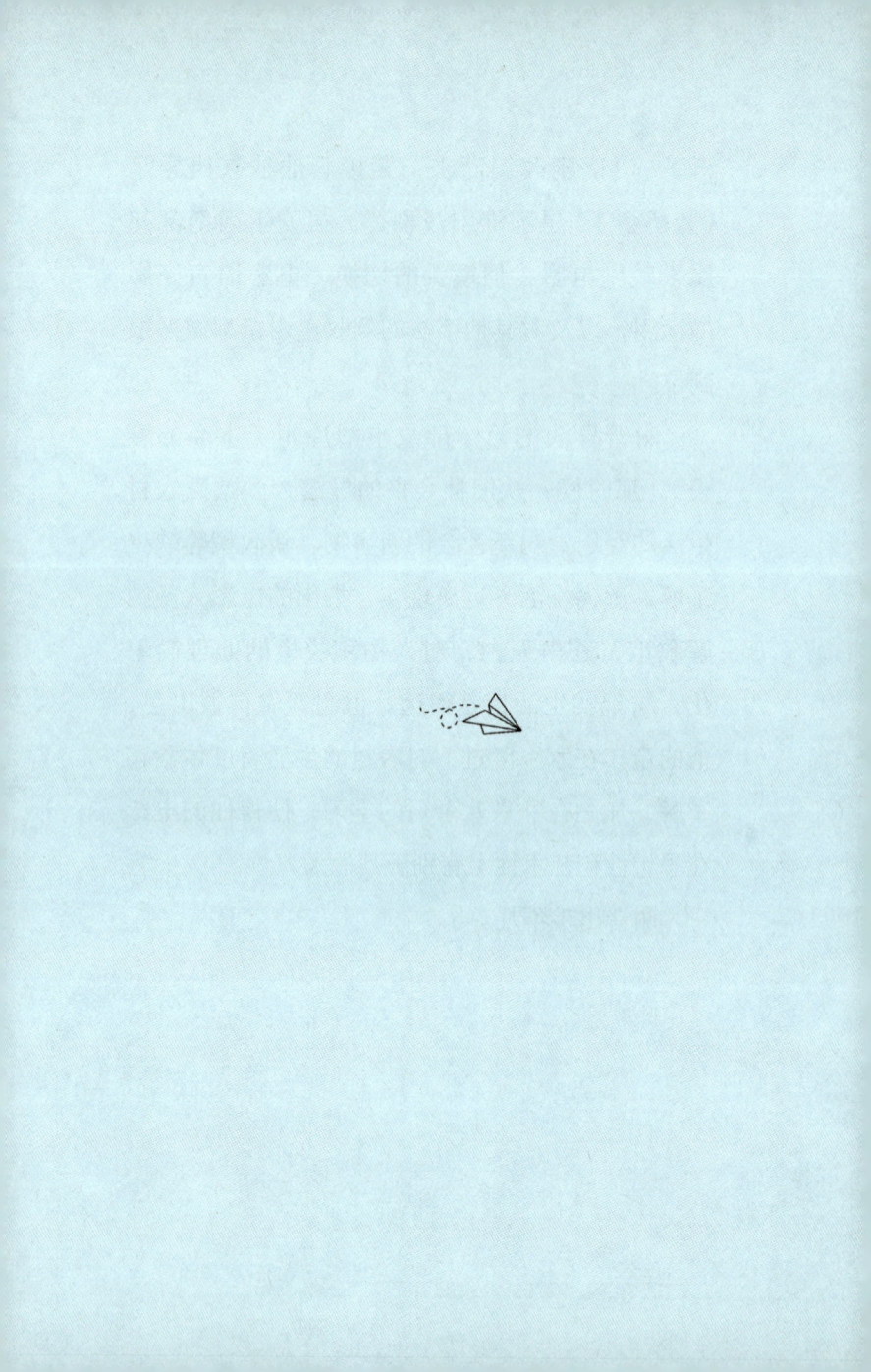

一炮打响

谢晋家乡产酒,他从小就泡在酒香里,后来读的国立戏剧专科学校,也在长江边一个产酒的地方。

不知道是不是这两个原因,谢晋喜欢喝酒,但不嗜酒如命,更不酗酒。

有时候看书写作一个通宵,一本书看完了或者几场戏写完了,天亮了,一瓶白酒也没了。

谢晋说:"我们浙江上虞人喝酒碰杯可不是说'干杯',而是说'赚了',因为酒是粮食做的,喝多了自然就是'赚了'。"

谢晋用喝酒陪伴阅读和写作,一生"赚"了不少。

一天，谢晋独坐窗前。他喝着酒，窗外月亮很圆。作为父亲，他已经有了四个孩子，可作为导演，虽然已经参与了诸多电影的创作，但他远不满足。他身边的老师和朋友，三十岁出头就已经享誉国内电影界：恩师张骏祥，三十一岁时导演曹禺编剧的诸多作品；孙瑜三十岁就拍出了中国第一部配音电影《野草闲花》。

谢晋觉得自己跟他们相比还有很大的差距，首先体现在艺术修养和相关技巧上。没电影拍的日子里，他就看书，看电影。他看电影不仅是看，还得"细嚼慢咽"。意大利朱塞佩·德·桑蒂斯导演的新现实主义影片《罗马十一点钟》在中国放映，谢晋去影院看了七遍，写了三万多字的学习札记，从不同的角度进行详细的分析。影片中有十二位女性求职者，他为这些人物列了十二张表，将她们每人的姓名、身份、年龄、容貌、身材、眼神和说话的动作、气质特征做了细致对比。这还不算，他还对演员的选择、服装、道具、音乐、音响等导演须注意的方面，仔细推敲分析。

谢晋那几年，为自己跃过大师的门槛在做着准备，等待着机会。

机会都是留给有准备的人的，这话说得一点儿也没错。那些看着似乎毫不费力地突然取得巨大成就的人，一定是在你不知道的情况下，一直在有心地准备着。

一九五六年，文艺的方针是"百花齐放，百家争鸣"。

上影厂领导找到谢晋，把创作一部女子篮球题材的电影的任务交给了他。

机会终于来了，谢晋当然很珍惜。谢晋个子很高，他应该是块打篮球的好材料。他喜欢篮球，也喜欢足球，小时候经常踢足球，后来也打篮球，他是上影厂篮球队的主力。在别人看来，谢晋拍摄这个篮球题材的故事片，应该很合适。

要拍的是女子篮球，他把这部电影的片名定为《女篮五号》。后来，他还拍了一部关于女子足球的故事，叫《女足九号》。当然，那是多年以后的事了。

《女篮五号》讲的是篮球名将和他的女友在新

中国成立前后的悲欢离合，反映了两代球员在新旧社会里不同的遭遇和命运。

首先创作者要懂球，懂球不是仅指能打球，说的是要懂打球的这些人，要懂他们的生活。谢晋花了很长一段时间和上海的篮球队员们"混"，他细细观察，关注每一个细节的真实性。

作为导演，谢晋很清楚，演员是表达的载体。要拍出好电影，导演要有慧眼，首先要找准演员。

男女一号，都是谢晋在上影厂里挑的。男一号叫刘琼，是上影厂篮球队的队员，身高一米八六。和剧本中的男一号相比，首先是形似，刘琼肩宽胸阔，臂长腰细，看上去修长、挺拔，不仅身体匀称，五官也端正，正是谢晋心目中的"男教练"。女一号也是在厂里找的，厂里的女演员当时都颇具实力，最后谢晋挑的是秦怡。谢晋对秦怡很熟悉，在重庆中央青年剧社时，他们就合作过。

谢晋知道，这是中国拍摄的第一部体育题材的彩色故事影片，得认真做，只能做好，别无选择！

三十岁出头的谢晋，那时已经颇为老练，选定了演员，他安排刘琼带女队员们去场上打球，真刀真枪地打比赛。

接下来他开始打磨剧本。任何好的艺术作品，要做到感人，就得有让人耳目一新的东西。尤其是电影作品，观众坐在电影院里观影九十分钟，得牵动他们的情绪，让情绪跟着影片中主人公的命运走才算成功。

主题上，要把个人命运和国家命运联系在一起，把普通人的遭遇和整个社会时代的变迁结合在一起，由小见大。再找个好的角度切入，大胆地运用镜头语言，大胆地呈现自己的风格。

熬了好多个通宵，喝掉好多瓶酒。终于有一天，谢晋觉得剧本成熟了，可以开机了。

一九五七年，《女篮五号》经过半年时间的紧张拍摄，终于杀青了。谢晋忐忑不安地等待观众的反馈。没想到影片一上映，观众反响强烈，引起了轰动。

那一年，《女篮五号》获得了两项国际大奖：

一是在第六届世界青年联欢节举办的国际电影节上摘得银质奖章；二是在墨西哥国际电影节上获得银帽奖。

谢晋一炮打响，中国观众记住了这位年轻导演的名字。也是这部电影，使这位名不见经传的年轻人步入了名家的行列，从此逐步走上了辉煌之路。

但谢晋依然很清醒，他还得努力，还得继续"准备"。

他很平静，忘却了窗外赞美的声音和鲜花，依然在等待机会。

再造经典

《女篮五号》上映的这一年，广州有个部队的创作员观赏了这部电影。这个叫梁信的男人，那时心情并不太好。那一年，他被划为"右派"，去了海南。他曾经在这个岛上待过，对这里的一切都很熟悉。

中国工农红军第二独立师女子军特务连战士的故事跳入他的脑海。梁信想，这也是个很好的电影素材呀！

他用了四天四夜的时间，赶出了一个题为《琼岛英雄花》的电影文学剧本。

梁信把这部电影剧本打印了出来，寄往全国各大电影厂，但却一直没得到回复。

他以为这个剧本石沉大海，没有任何希望了。

两年后，他突然接到一封谢晋发来的电报，大意是看了他的剧本，很受感动，拟拍成电影，请速来上海商量修改事宜。

谢晋亲自去火车站接了梁信。

对剧本的修改打磨是必须的，谢晋觉得应该去那个遥远的海岛待些日子。那里不是江南水乡，也不是上海、重庆、南京那样的繁华都市。对于谢晋来说，那是个陌生、神秘而又充满传奇的地方。

那个长满椰子树的地方，五指山间，万泉河畔，当年还非常落后荒凉，谢晋和梁信深入黎村苗寨，找到当年的亲历者。那个历尽人生苦难的中国工农红军第二独立师女子军特务连的老连长冯增敏，还有那些仍然在世的女红军，给他们讲了许多的感人往事。

这个剧本的素材丰富，题材新颖。编剧和导演倾力打磨，本子的最后一稿终于出来了。但片名《琼岛英雄花》似乎让人不太满意，他们又研磨了一通，想出了个新的片名，叫《红色娘子军》。

这是个革命历史题材的影片,作为新中国的第一代导演,谢晋是第一次接触。他觉得他应该在历史方面做些功课。他读党史,还读了毛泽东的一些著作,比如《中国的红色政权为什么能够存在》《湖南农民运动考察报告》等。他在电影《红色娘子军》的导演阐述中写道:"毛泽东同志在《湖南农民运动考察报告》一文里,生动地描写了那个时期的革命气势,阅读这篇文章,对我理解海南农民革命斗争,对处理剧本中的若干场景,有极大的帮助。"

谢晋对展示时代面貌,把握整部影片的气势、节奏,乃至人物的塑造、剧情的推进,以及对剧组各部门的创作设计有了底。

对于新片的拍摄,谢晋的准备工作是充分的,他把这些视作热身。

然后就是挑选演员。

片名叫《红色娘子军》,女主角当然很重要。剧中的其他角色谢晋都陆续定了,女主角的人选却迟迟没进入导演的"法眼"。

在导演的心里，这个女主角吴琼花，穷苦出身，刚毅、倔强、泼辣。她性格中有着乡间的淳朴，外形上要有一张南方姑娘的脸，最重要的是，要有一双"火辣辣的大眼睛"。

"火辣辣的大眼睛"是梁信剧本中的原话，谢晋很看重这一句，他觉得整部电影的灵魂就在于这双眼睛。

为找到这么一双眼睛，谢晋费尽周折，东南西北地跑，神州大地，大江南北，谢晋几乎跑遍了。那些日子里，梁信不断收到谢晋来自不同地方的信，信中夹有女主角参考人选的照片。但信的末尾谢晋总写着一句：尚不满意，仅供参考。

梁信回复：没有那双大眼睛。

当时谢晋有了些名气，一些相关的社会活动常请他参加。有一天他去看上海戏剧学院学生的实习演出，演的是场叫《在和平的日子里》的话剧。戏开场前，有人吵架，谢晋看到一个女生正在与几个男生唇枪舌剑。女生一脸通红，鼓着一双愤怒的大眼睛，眼神火辣辣的。这双眼睛，让谢晋怦然心动。接下来看戏，那个大眼睛女生出演双角，忽而少女，忽而中年妇女，演技也相当娴熟。

就是她了！谢晋心里跳出了这四个字。这个女生名叫祝希娟，后来她出演了电影《红色娘子军》中的女主角吴琼花。电影上映后，中国举办首届电影"百花奖"，这个此前还名不见经传的女生，因为参演《红色娘子军》，一举夺得最佳女演员奖。

当然，在那一届的"百花奖"评选中，《红色娘子军》也拿下了最佳故事片、最佳男配角奖，谢晋本人也实至名归地拿到了最佳导演奖。

颁奖大会在北京的全国政协礼堂举行，周恩来、陈毅等领导人都参加了颁奖仪式。

电影《红色娘子军》的主题歌成为当时的流行歌曲，一直传唱至今。

此后，电影《红色娘子军》也被改编成京剧和芭蕾舞剧。

遭遇挫折

谢晋很快又把鲜花和赞誉关在了窗外。

喝着酒,就着花生米,谢晋琢磨起新的作品来。

上海人对滑稽戏是喜闻乐见的,至今仍然有专门的滑稽剧剧团。上海电影制片厂尝试把滑稽剧搬上银幕。此前,谢晋的恩师黄佐临就把滑稽剧《三毛学生意》搬上了银幕。谢晋是年轻导演,上影厂领导觉得年轻人应该多学习、探索。谢晋想,不妨尝试一下喜剧。

但也许是性情使然,也许是家庭原因,有人说谢晋的一生,辉煌而苦难,荣耀而哀伤。苦难和哀伤,说的是他作为父亲而扛起的重担。谢晋在中国电影界是一位叱咤风云的人物，可是，命运却偏偏捉弄了他。谢晋和妻子徐大雯非近亲结合，可他们的四个儿女中，除了后来也成为导演的大儿子谢衍外，女儿仅可以做到生活自理，两个小儿子的智力或多或少都有问题。

谢晋正步入事业的正轨时，他做了父亲，育有三男一女，他和徐大雯都很开心。可两个小儿子渐渐长大，做家长的就看出了问题。胖墩墩的孩子，眉目神态怎么就有些异常？把孩子带去医院诊治后，医生的诊断让谢晋和徐大雯顿时如坠入深渊——孩子智力有些障碍。

为父的，不能不感到困惑，继而忧伤。

他怎么笑得起来？又怎么能倾心喜剧？

谢晋导演的电影中，剧中人的人生都有些苦涩。小时候，妈妈带他去看社戏，那些草台班子的演员，戏里戏外的人生都很苦涩，谢晋对此印象深刻。但他从没想过会拍摄一部关于他们的生活的电影。一九六四年，上影厂的领导又找到谢晋，递给他一个剧本，那是个反映越剧艺人生活的本子。谢晋读后，感触很深，脑子里有童年的记忆和景象,他的创作激情不时涌上心头。

他说:"我一定要拍好这部戏!"

这部电影叫《舞台姐妹》。

谢晋依然认真,为了拍好这部电影,他还向夏衍请教。那时候,夏衍是文化界的领头人,工作很忙,但他还是抽出时间认真读了剧本,甚至还帮谢晋对剧本做了修改。

那时谢晋作为导演已经名声在外,很多演员都想进入他的剧组。

谢晋挑的演员是谢芳、曹银娣和上官云珠,三个人都是当年当红的、观众十分喜爱的演员。

故事反映的生活、背景和人物,导演谢晋都很熟悉,他觉得一切驾轻就熟,很有把握,拍摄自然水到渠成。

这部影片表现的是越剧艺人的生活。越剧清悠婉丽,优美动听,表演真切动人,极具江南灵秀之气,也富有中国传统文化的精髓。风光宜人的江南水乡,作为《舞台姐妹》的取景地再合适不过。

因为影片反映的是自己老家的生活,又能喝

到纯粹地道的绍兴老酒,谢晋有拍摄《红色娘子军》等电影的成功经验,还有实力雄厚的剧组班底,他当然信心满满,觉得胜券在握。

他带着剧组去了绍兴、诸暨、东阳和富阳等地拍摄。按部就班,稳扎稳打是谢晋的风格,一切都在他的计划和安排之中。

谢晋胸有成竹,影片也在他的调度执导下慢慢呈现,充满诗情画意的镜头,悲怆感人的曲风,素淡柔和的色调,精巧细密的构思。没有说教,没有八股,而是亲切朴实、优美抒情的风格,这是谢晋一贯的贴近观众喜好的民族之风。

拍片的时候,明明是大晴天,副导演却提醒谢晋,当天的进度得加快,山脚的云层不对头哟!

"怎么了?!"

"山雨欲来风满楼呀……"

谢晋真的往远处看了一眼,他说:"来吧,让暴风雨来得更猛烈些吧……"他说的是高尔基的名作《海燕》中的句子。在那个年代,这个苏联作家和他的那句名言很流行。

第二天依然是个大好晴天，无雨也无风。

拍摄继续进行，大家都很投入，整个剧组渐入佳境。谢晋很得意，每个镜头，都是按照他的要求严格执行的。确如他想象的那样，一切很顺利。他拍出了江南水乡的独特风格：一座座石桥，一艘艘乌篷小舟，戏班子的女子走一路唱一路，戏中人和戏中戏融合得天衣无缝。

《舞台姐妹》是谢晋电影中最具家乡特色、中国特色的一部，也是他投入情感最浓烈的一部。剧中人物的学艺之路，也是他自己学艺生涯的写照。他把这部电影，当成是对故土、故人的深情回报。

外景地似乎晴空万里，岁月静好，但不远的上海，"政治气候"却已经阴云密布。

有人不喜欢这部电影，说是不喜欢这类题材，开始对正在拍摄的《舞台姐妹》指手画脚。

电影结尾女主角本来有句台词："以后我一定要清清白白做人，认认真真唱戏。"按理说没什么毛病，可有人就觉得"不够革命"，导演不得不改，改成"今后我要做革命人，唱革命戏"。

遭遇挫折

电影上映时，观众看到这里，一阵笑声。

之后的日子里，谢晋每看自己的这部电影，看到这里都摇头，自嘲地苦笑，说："惨不忍睹哟！"

惨不忍睹的还有这部电影给他带来的厄运。

他费尽心血、曾经寄予很大希望的这部影片，没有被誉为精品，没有得到奖项，却和另外一部名为《早春二月》的电影被人定为两株"大毒草"。谢晋没有站到台上领奖，而是被批斗、打击……

戴铐的舞者

"文化大革命"使中国人度过了很特殊的十年。

就像做梦一样,当然是场噩梦。

谢晋在中国的年轻导演里鹤立鸡群,在观众中有一定的影响,这也成了反对派攻击他的理由。

谢晋受到的打击,甚于别人。

这个东晋宰相谢安的五十三世孙,继承了祖先的优良品格,知道什么叫忍辱负重,也知道什么叫卧薪尝胆。他很坚强,心想,留得青山在,不怕没柴烧。他读雪莱的《西风颂》,记住了那句著名的诗:"冬天来了,春天还会远吗?"

谢晋做好了吃苦的准备，做出了最坏的打算，但有些事，他万万没有想到。

谢晋的家庭很特殊，有两个智障的儿子。谢晋觉得自己住牛棚还可以忍受，在身体上受点苦都没什么。精神上的苦才让他不堪忍受，他的心放不下来，时刻牵挂着儿子阿三和阿四。

打击他的那些人，甚至没放过两个智障的孩子。不知是出于取乐，还是有意羞辱，有人把阿三和阿四塞进了街边的垃圾箱。

徐大雯当时没把这事告诉丈夫。

对于这些事情，谢晋也从未谈起。

从某种层面上讲，这些往事他记得比谁都清楚，但他把这些事藏在了心里。不过，我们从他后来的电影作品中，可以窥见他的内心。

"文革"过后，谢晋获得平反，在事业上化风雨为彩虹，他把那种心痛得抽搐却欲哭无泪的感受融入了电影作品中。

有人问他，为什么"文革"前与你齐名的一些导演，"文革"后拍的电影总觉得少点什么？谢晋说："他们都是我的好朋友，也不比我少才华。我认为,他们可能在'文革'中吃的苦没有我多,所以在'文革'后,我们看问题就不完全一样,有些题材他们不敢搞,也不愿意搞,还曾劝我别搞。我想,总要对得起受苦受难的人民,尽量说点真话。只有真话,实事求是的真话才会从平淡中闪光亮。"

一九七〇年七月的一个晚上,谢晋被人紧急喊了出来。

他心里咯噔一下,不会家里又发生了什么不测吧?那年月,发生了太多的事,让他对突然到来的"通知"心惊肉跳。他想到两个智障的儿子,会不会是他们出了意外?

他是被通知去开一个特殊的会。

原来,上海京剧团出了个样板戏,上海电影制片厂认为自己也得出作品,但他们对拍什么把握不准,拍《海港》绝对"安全"。

可他们组织的人马,把这部剧拍了三遍,上面还是不满意。

他们想到了谢晋。

谢晋当然不能拒绝,这由不得他。他知道自

己只是个工具，但毕竟拍的是电影，他太热爱他的事业了，能继续做他的专业工作他很乐意。

无可否认的是，即便受限于时代，谢晋凭借其个人的电影素养，在"万马齐喑"的时代，仍称得上是"鹤立鸡群"。他力求舞出自己的风采，展现那么几分清爽。他有些单纯，更有那么几分执着，力图在时代话语的缝隙中捕捉人性，在那片荒芜中种植一抹青绿。为此，他费尽心思，筋疲力尽。

那几年，谢晋执导了《海港》《春苗》《磐石湾》三部电影。整个"文革"时期，中国生产的为数不多的电影中，谢晋执导了三部。

尤其是《春苗》，给那一代的观众留下了不可磨灭的记忆。

大地回春树传奇

一九七六年,中国农历丙辰年,是龙年。

对于中国来说,这是极不平凡的一年,可谓有悲有喜。悲的是,这一年灾难深重:中国的三位伟人,周恩来、朱德和毛泽东相继逝世。东北下了陨石雨,唐山发生大地震……喜的是,这一年"四人帮"被粉碎,十年浩劫结束,从此中国的命运改变了。

一切开始走上正轨,谢晋很高兴,他拿出家里藏着的好酒,邀请几个好友痛快地喝了一场。

酒过三巡,谢晋说:"现在,我总算和全国人民一起成熟了!"

朋友很是惊讶,不知道谢晋这时怎么突然冒

出这句话来。他们以为他会举杯欢庆,像普通人那样,庆贺"四人帮"被粉碎,高喊:"大快人心事,粉碎'四人帮'……"然后说,"喝!"

谢晋只说"一起成熟了",那先前就是不成熟喽?

朋友细想,谢晋的思路跟大家不一样,他想得更多,他在反思。他知道又有机会要来了,他要做好准备。

这期间,谢晋没闲着,他接了两部电影,一部《青春》,一部《啊!摇篮》。

各方对两部影片都反响热烈,好评不断。

在各类影评会上,褒多贬少。但谢晋脸上没什么表情,当地的好友们谈起这两部影片时,他总是摇头,他很清醒。他对于技术的应用已经很成熟,但他内在的思想和风骨,在这两部电影里被稀释得很淡很淡。

在同事和朋友的眼里,谢晋那些年有两大爱好:一是喝酒,二是收集期刊。

谢晋当然不缺少书籍,但像他这样的名导演,如此热衷于杂志的倒是不多。

谢晋曾自费订阅过数十种报纸杂志。很多电影的拍摄素材来自刊物，如《牧马人》《国殇》《人约黄昏后》等，他都是从刊物上读到了故事，继而激发了灵感。这些素材中，有的被拍成电影，有的出于种种原因未能被搬上银幕，但刊物对谢晋有过很大的帮助，是不争的事实。

二十世纪八十年代，中国的期刊有过空前绝后的辉煌。那时还没有互联网，电影和电视也没有现在这么发达。从"文革"中走出来的读者如饥似渴，他们急需精神食粮，期刊很快地充当了"文化餐饮"的角色。那个时候，一份普通的省级文学月刊，一年发行几十万份是常事。

谢晋当然不是单纯地从欣赏的角度阅读众多的佳作，而是从中学习作家们的构思，尤其是在寻找好的故事。

鲁彦周比谢晋小五岁，二十岁时参加革命。他一直在安徽的文化界工作，是小有名气的作家，写小说，也写剧本，二十世纪五十年代中期开始从事电影文学创作。他创作了不少饮誉时代的作品，如话剧《归来》、电影文学剧本《风雪大别山》等。

一九七九年,陈登科和鲁彦周等筹办《清明》杂志,那是安徽文联主办的大型刊物,创刊号得有分量。两人相约每人拿出一部自己认为比较好的作品。

鲁彦周写了一部中篇小说,叫《天云山传奇》,发表在《清明》的创刊号上。

小说发表后立即引起了轰动,谢晋很快看到了这部小说,觉得是拍电影的好题材,就推荐给了上海电影制片厂的领导。厂长徐桑楚非常支持这件事,并派了一个老编辑专程赶到合肥,请鲁彦周到上影厂和谢晋一起将小说尽快改编成电影剧本。

先前,对于丈夫的事业,徐大雯是全力支持的,至少她不会过多干涉。然而,经过了动乱的十年,徐大雯对丈夫拍电影的事却多了几分担心。

听说谢晋要拍新片,徐大雯也找来《天云山传奇》原作读完,觉得这种担心不是多余的。这些年来,丈夫虽然事业上有风有雨,但总体算是有所成就的,不必再去冒风险了。这几年拍了

《青春》和《啊！摇篮》，虽然不温不火，但也没人说三道四。

徐大雯想，得跟丈夫认真谈谈。

"很多人都为你担心呀！"她对谢晋说。

"怎么，你也听说了？"其实没人跟徐大雯说，谢晋这话却让徐大雯更加忧心忡忡。在她看来，丈夫的作品在中国已经有了影响力，熬过了那么艰难的日子，现在年龄也不似从前，何苦要再去折腾呢？

但她知道谢晋的性格，他决定的事，十头牛也拉不回来。

"读这部小说，我流泪了……"徐大雯听到谢晋跟自己说了这么一句。

徐大雯不再说什么了，丈夫感动有其原因，只有她能体会这句话的分量及其背后的深意。丈夫通过小说中人物的命运，想起了自己那些年的经历。与其说是拍小说中的人物，不如说是拍谢晋自己。

她再阻拦，就有点过分了，事实上，她也阻拦不了丈夫。

厂长徐桑楚知道了这一情况，他找到徐大雯，说："你放心让谢晋干吧，政治上出问题，我作为上影厂一把手负全部责任。"

这才消除了徐大雯的顾虑。

鲁彦周和谢晋很快进入状态。鲁彦周与上海电影制片厂的关系一直不错，就在这之前，该厂对一个剧本有些犹豫，请鲁彦周看并请他拿主意。鲁彦周阅后，击掌叫好，他力主投拍。

这部电影叫《庐山恋》，在那个年代，无人不晓。现在上庐山，仍然能看到这部电影轮番放映，这是山上那家电影院唯一一直放着的电影，放映了四十多年。

电影《天云山传奇》的筹备工作紧锣密鼓地开展起来，作者自己做编剧，导演也吃透了原作，激情满怀。

剧本创作的过程还算顺利。

但小说原作《天云山传奇》是中国第一部反思文学，也是作家鲁彦周重要的代表作，这部作品自发表之后就争论不断。要拍电影，也理所当然是第一部反思电影。电影和小说有区别，电影的影响力远远超过小说。拍这种电影,如果社会上出现负面的评价,怎么办?

各种阻力都出现了,虽然厂里是支持的,但社会上的反应就各不相同了,褒贬悬殊,争议纷扰。

与谢晋关系非常好的朋友也提醒他,拍这种影片,将来要出事的。

谢晋是固执的,有人对他评价道:他为艺术而生,也渴望着为艺术而死。

开中国电影先河,拍第一部反思电影,他是铁了心的,他准备好了为此付出代价。

谢晋是个勇者。电影《天云山传奇》是在人心惶惶中起步的,整个拍摄过程不断有外界的干扰,也有来自创作人员的种种阻力。影片直至上映仍然"空穴来风"不绝,时常冒出影片要受到批判的谣传。谢晋作为一个导演,信念是坚定的。谢晋说:"如果一受到干扰,一听到不同意见就人心涣散,那是肯定拍不好这个戏的。做导演要有毅力、信念,对作品的判断,要不受来自'左'的或'右'的思潮的干扰!"

几经周折，历时两年，电影《天云山传奇》与观众见面了。

反响甚至超出谢晋的意料。他又一次流泪，是因为那些用麻袋装来的观众来信。信中，很多观众说了自己的故事。

谢晋说："现实生活要远远地超过电影中所描述的故事情节。"

很多人事先都没有想到，这部电影的影响力是空前的。在许多城市和乡村，电影放映过程中，有隐隐的啜泣声。电影结束，灯光乍亮，观众满场静寂，人们久久都未起身退场。那样的情形，之后在电影院中很少出现。

有人说，这是中国电影史上一部石破天惊的片子。

观众的反应是强烈的，有的甚至非常专业。有观众写道，影片由记忆与现实双双推动，通过片头一组组推进的镜头下的场景对比，就可说明这是一部有关记忆的电影。

也有观众说，与《舞台姐妹》《红色娘子军》一样，谢晋的电影都是由女主角的姐妹或女性朋友来辅助展开叙事。采用罗生门叙事视角，将女主角的客观叙事与女二号和男主角分手的回忆叙事穿插起来，把握观众心理的大众化叙事手法与弱化的影像表现相结合。影片呈现出中华民族的精神特质——阴柔之美。

著名经济学家孙冶方病危前在病床上也写下观后感："《天云山传奇》成功的表现手法，使我们中的大多数人会牢牢记住，今后我们再也不能重犯把同志当敌人的错误了。"谢晋赶去北京看望孙老，孙老对医生说："给我打最强的强心针，吃最有效的止痛药，今天我要看最重要的朋友。"

几天后，这位老人去世。

一九八一年，中国电影家协会举办首届中国电影"金鸡奖"评选，《天云山传奇》当之无愧地拿下四个奖项，获得最佳故事片奖、最佳导演奖、最佳摄影奖、最佳美术奖。评委会的评语是：《天云山传奇》比较深刻地反映了我国二十余年社会生活的一个侧面，充满激情地创造了动人的银幕形象，发挥了电影作为综合艺术的丰富表现力。

中华先锋人物故事汇　谢晋

和人民一起成熟

　　影片取得了成功,谢晋终于迈上了导演事业的一个更高的台阶。谢晋当然很高兴,只有他自己清楚,这一回,他首先突破的是自己。先前几十年由于各种原因,他是戴着镣铐跳舞,有许多桎梏是自己给自己套上的。

　　这一回,谢晋首先战胜的是自己,这可能是他说的"成熟"的标志之一。

　　他的创作意图通过作品被观众接受了,被人们理解了。

　　朋友带了酒来,为他的成功庆贺。

　　喝尽兴后,朋友们都醉了。但谢晋却依然不醉,他得看书,他要翻阅那堆杂志。

他的眼睛又一次亮了。

一部名为《灵与肉》的小说让他激动不已。他请李准改编成电影剧本时，曾改名《牧马人传奇》，和《天云山传奇》一样依然有"传奇"两字，可见，那时起他就有意拍个系列。后来，有人说不必刻意，让人感觉雷同，他们就将片名改成了《牧马人》。

朋友和家人又开始担心了。

刚拍完《天云山传奇》，同一导演，又拍类似题材的影片，这不是给自己出难题吗？再说《天云山传奇》已经是反思电影的高峰，再拍《牧马人》能不能拍出更高的质量？如果马失前蹄，名声很可能要一落千丈。

那些日子，谢晋喝了不少酒，不是酒壮英雄胆，更不是借酒浇愁。他在读书，在改剧本，在思考……

谢晋心里多了许多东西。他更加坚定了自己的想法。

他很快去了宁夏，去了小说《灵与肉》的作者张贤亮那里。

见到谢晋，张贤亮有着说不出的兴奋，他拿出了青稞酒盛情招待。

"知道吗？当年我是饿着肚子看完你的《红色娘子军》的。"

谢晋说："我第一次遇到你这样的观众。"

"你不知道，当年吃不饱哟……"

谢晋说："对呀，一高兴我把你当年的处境给忘了。"

"电影在空旷的草原上露天放映，世上恐怕从没有这种观影场景……"

"哦！"

"西北草原风大，一到晚上就起风，草原的劲风把银幕刮得直抖……"

"那还怎么看？人和景都怪怪的……"

"那时四周很安静，只有风声，电影中人物的台词都听不太清楚，可大家都聚精会神地看完了。"

谢晋说："这就是我们接下来这部片子中的一个独特场景呀……"

当然，最后《牧马人》中并没有出现那种场

和人民一起成熟

景，但谢晋由此准确地把握住了电影中人物的生活环境。

谢晋下决心要拍好《牧马人》。剧本剧本，一剧之本，他找到了著名剧作家李准。

李准祖上是蒙古族，姓木华黎，后简改为李。李准擅长写农村题材，六十年代有一部家喻户晓的电影《李双双》，就是他担任的编剧。

老将出马，一个顶俩。拿到《牧马人》的初稿，谢晋的心就放下来了。

然后就是考虑演员。他一直在思考角色需要什么样的气质和外貌的演员来演绎，剧中人物一直都"活"在谢晋的心里。上影厂的演员他知根知底，和他合作过《红色娘子军》的牛犇和《女篮五号》的刘琼，都被谢晋招入组中，几个配角陆续确定。

男女主角，至关重要。

很多朋友给谢晋推荐，他也马不停蹄地四处找演员试镜，但没有让他眼睛一亮的。即使不是特意寻找演员，生活中让谢晋眼睛一亮的人，他也会留意。当年在拍片现场，一个女中学生在一旁看热闹，谢晋走过去说："孩子，你对演电影有兴趣吗？"那个小女生怯怯地点点头。谢晋没安排她出演当时在拍的影片，而是建议她去参加上影厂的演员培训班。女孩真就去了。后来，谢晋执导电影《青春》时特意挑选这个女孩出演，女孩因此一炮走红，一鸣惊人。

她的名字叫陈冲。

男主角出乎多数人的意料。饰演许灵均的朱时茂，是福州军区话剧团的一名普通演员，此前虽然演过几部电影，但在观众中几乎没有任何影响，可谢晋却一眼看中了他。而女主角丛珊，更是谢晋独具慧眼挑选的。当年，十九岁的丛珊只是中央戏剧学院一年级的学生，可谢晋也是看了一眼就说，李秀芝就是她了。

电影的拍摄过程很辛苦，但很顺利。《牧马人》上映后，观众达到一亿三千万，这个纪录，被谢晋自己后来拍的一部电影《高山下的花环》给打破了。

谢晋用自己的才情和胆识，创作出了《牧马人》，又一次超越了自己。谢晋证明了，即便是同样题材的故事，自己也一样能够突破和创新。

奖项也接踵而至，电影《牧马人》先后获得第三届金鸡奖最佳男配角奖，第三届金鸡奖最佳女主角提名，以及第六届大众电影百花奖最佳故事片、最佳男配角奖，还获得了中国文化部优秀影片奖等。

值得一提的是，这部影片上映三十七年之后的二〇一九年岁末，老电影《牧马人》竟然成了年轻网友热捧的一部影片。

永远的芙蓉镇

一九八一年,湖南有个叫古华的作家,出版了一部长篇小说《芙蓉镇》。这部作品在读者中产生了强烈的反响,成为中国文学最高奖"茅盾文学奖"首届获奖作品,当时还被翻译成多种文字在国外出版。

谢晋,当然不会漏掉这部优秀作品,他非常喜欢这部作品力透纸背的锋芒和艺术性。但这次,他却没有立即着手开拍。

这次倒不是徐大雯和朋友的劝阻让谢晋犹豫。《牧马人》的成功,让所有人觉得谢晋有超人的智慧和才能,有绝对的能力把握这类题材。之所以没有改编这部作品,是因为当时他正在筹划《赤壁之战》，加之有三家电影制片厂都想把这部小说搬上银幕，其中北京电影制片厂有一位叫水华的导演，曾执导过电影《白毛女》《林家铺子》《烈火中永生》《伤逝》等名片，并多次获奖。谢晋和他交情很深，称他为水华老师。谢晋知道，水华这些日子一直在为改编《芙蓉镇》辛苦筹备。

谢晋不可能夺人之好了。

但经过四年的折腾，三家电影厂最后都放弃了拍摄电影《芙蓉镇》。

古华心有不甘，他找到文化界的老前辈陈荒煤。

陈荒煤说："你找谢晋吧！"

当年拍摄《红色娘子军》时，谢晋就与著名作家梁信有个约定——拍摄影片《赤壁之战》。一九七九年，梁信用一年多时间完成了《赤壁之战》的剧本初稿。

谢晋那些日子一门心思筹备《赤壁之战》。

古华找到谢晋时，《赤壁之战》正因资金等问题搁浅。结果，两人一拍即合。

谢晋很快进入状态，他又一次开始挑战自己。他研读原作，请了著名作家阿城来改编剧本。他给新作定的调子是："影片《芙蓉镇》应该不仅可以看，而且可以悟，可以思……"

剧本有了，开始搭建剧组，最重要的是选演员。

谢晋又成了空中飞人，开始东南西北地跑，面见大家推荐的演员，找人试镜。

《芙蓉镇》的主要演员有八个之多，但最难找的是男主角和女主角。尤其是女主角胡玉音，谢晋对这个角色的要求是："应该将她善良、灵魂深处很复杂的东西，要非常自然地，看不出刀斧痕迹地表现出来。"导演要求很严，要个什么样的人来演，谢晋心里也没底。大家推荐了一些，他也看了试了，但一一被他否了。

正纠结时，一封电报从长春发过来。那时互联网还未普及，通常有什么急事需要联络时用的是电报。

谢晋打开电报，一个熟悉的名字跳了出来：刘晓庆。

电报的内文是："我非常非常非常非常想演胡玉音……"

刘晓庆主动请缨，而且态度如此坚决诚恳，用了一连串的"非常"。谢晋清楚，胡玉音是个非常难演的人物，要胜任这一角色，演员不仅要有人生经历，有演技，还得要有胆量和信心。如果演砸了，演员的名声可能一落千丈。谢晋很了解刘晓庆，她认准的事定会好好把握。其实，此前谢晋就和她有合作的机会，但都阴差阳错地失之交臂。

刘晓庆既然如此有信心，如此急切，那不妨考虑她当女主角，谢晋想。

朋友们又提出了不同看法，毕竟大家关心谢晋，总希望他的作品完美无瑕。

大家的担心不无道理。

"她呀，谢导，你得慎重考虑考虑哟。"

"这个人，太锋芒毕露了点吧……"

"演技没问题，但眼下……"

有人不说什么，只摇头。

谢晋明白他们的意思。

朋友一是担心刘晓庆能否完全投入《芙蓉镇》的创作中；二是，不管怎么说，女主角有争议，是不是会对《芙蓉镇》有负面影响？

谢晋心里有数，他觉得他和刘晓庆一样有信心。

没着落的是男主角秦书田。经过一番面见和试镜，谢晋对所有参与的人始终不满意。这一回不是演员毛遂自荐了，是谢晋自己找上门去的。

谢晋看过《末代皇后》，对其中一个小眼睛、直鼻子、翘嘴巴，可以说其貌不扬的青年男演员印象深刻。这个当时二十三岁的青年就是姜文，他那时刚从中央戏剧学院毕业，被分配到中国青年艺术剧院不久。

刘晓庆已经算是大红大紫，姜文却还只是初出茅庐。

这两人搭戏，又有朋友为谢晋担心了。这也不是没有道理。姜文演的秦书田是男主角，演员若稍有闪失，则满盘皆输。如果能找个成熟的、有点知名度，且大家认可的演员挑这重担，演员会更加驾轻就熟，稳重可靠。

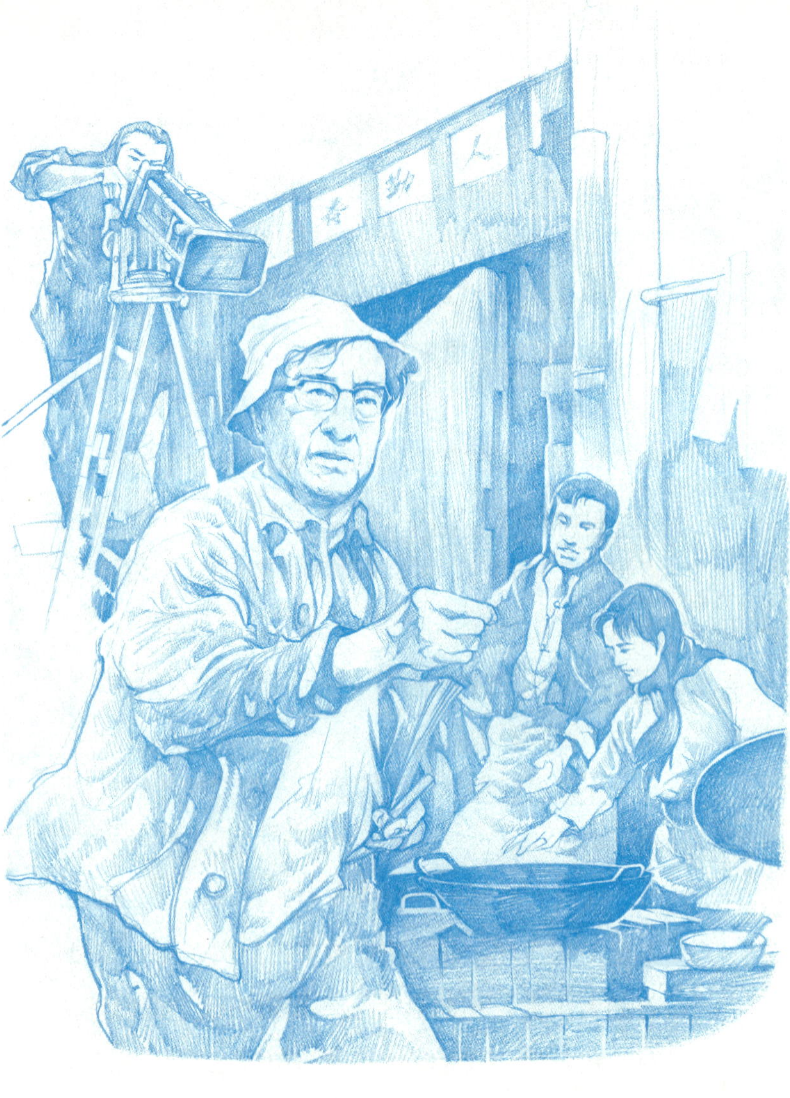

谢晋还是坚持自己的想法，他找阿城做编剧，就是想用年轻人的新观念，他认为年轻演员敢冲敢闯敢想敢干。

他记得初识姜文时，有人向他介绍："这是丛珊的同学。"姜文想了想，笑着说："总有一天，人家介绍丛珊，会先说这是姜文的同学。"

这样一个细节，让谢晋很欣赏，他看出姜文骨子里和秦书田是一个模子。

果然，不负谢晋导演的期望，姜文后来凭借电影《芙蓉镇》获得最佳男演员奖。

演员都定了，但场景还悬着。《芙蓉镇》的外景地在谢晋的心里有大致的构想，他只告诉了手下他对场景的期待。

演员他找，场地、置景、美术、灯光之类就由副导演、美工、摄影们来负责了。谢晋请他们选些八九不离十的地方，复景他也会亲自去。

但事情没那么容易。

副导演带队，美工师、摄影师一同去，剧组配给一辆越野车。谢晋提出："要地毯式推进，找遍湘南，再找湘西，不要受地区限制，影片中的典型环境要高于小说,只要有湖南特色就算成功。"

历时一个月,找景的小分队足迹踏遍湖南、广西、贵州、四川等地的一百多个村镇。他们曾经相信古华小说中写到的原故事发生地嘉禾县会是合适的外景地,但去了之后,副导演打电话带着哭腔说:"嘉禾没有景,只有一口井。"

谢晋说:"我不要井我只要景,找不到,你们就别回来!"

找景的小分队又是历经一番艰辛,选定三个地方,都在湖南:一是怀化的黔城镇,二是湘西的吉首镇,另一个是永顺县的王村镇。

谢晋亲自去复景,前两个被他否了。选景小分队每个人的心都揪得紧紧的,最后这个王村要再不行,他们就彻底崩溃了。

谢晋细细地看了王村,把镇子上几乎每个角落都走了一趟,最后撂下几个字:"就这儿了!"

一九八六年,谢晋带领《芙蓉镇》剧组在王村辛苦了半年,完成了影片的前期拍摄。

谢晋对创作《芙蓉镇》的重视程度、投入的

精力是空前的,有一细节足可看出。谢晋嗜酒如命,但为了保证影片的质量,拍摄期间,他下令剧组里任何人都不许喝酒。

剧组在王村的半年间,在谢晋身上发生过很多感人的事。其中一件,剧组的成员几十年后说起仍然眼里含泪。

离开王村那天,剧组的人觉得他们的导演有点不同往常:表情严肃,眉头微皱,似有什么心事,忧心忡忡,闷闷不乐。明明一切都很圆满啊,该高兴才对。

大家一打听,原来名导演谢晋竟然在为王村的一个五岁的小女孩忙碌。

半年前,谢晋一进王村,就看见巷子角落里,一个小女孩蜷缩在那儿,没人跟她玩。她的脸黑乎乎的,神情黯然,衣衫破旧,很邋遢。谢晋有心打听了这女孩的情况,得知女孩名叫小春花。父母都是先天智障,当地人叫"宝"。谢晋去了小春花的家,她全家六口人,挤在几平方米的屋子里,贫窭之状令众人唏嘘感叹。

谢晋很快做出一个决定,让小春花姐妹三人

都入剧组,剧中满庚家的"孩子",就由小春花三姐妹出演。

谢晋是有心人,剧组群众演员的酬劳是每天三元。二十世纪八十年代,三块钱在湘西贫困山区已经是不小的数目。三个孩子,一月就有近三百块的收入。既然是剧中角色,谢晋当然安排服装师为三个孩子定做衣服,还从置景经费中拿出部分钱,联合镇政府和街邻,为小春花家盖了新房。

即将离别,谢晋对这一家人还是一身牵挂。离开王村时,谢晋还安排人把小春花姐妹带去上海,让她们看看外面的世界。

一件小事,足显谢晋的善良、细致及文人的境界和情怀,电影《芙蓉镇》的成功,就不是什么奇怪的事了。他的电影作品,涉及对人性深处的开掘,博大而精深,精致而厚重。其艺术表现力之强,意韵之隽永,主题之深刻,就是顺理成章、水到渠成的事情了。

《芙蓉镇》上映后,又掀起一阵"谢晋热"。在第十届百花奖评选中,该片获最佳故事片奖、最佳男演员奖、最佳女演员奖、最佳男配角奖。此片还在第七届金鸡奖评奖中获最佳故事片奖等奖项。

同年,该片在捷克斯洛伐克举行的第二十六届卡罗维发利国际电影节上获水晶球大奖,在西班牙第三十三届瓦亚多利德国际电影节上,又荣获评委特别表彰奖和观众奖。

另外,值得一提的是,又小又偏的王村在电影《芙蓉镇》上映后,成了著名的旅游景区,王村也因电影《芙蓉镇》而改名为芙蓉镇,而《芙蓉镇》里胡玉音卖过的米豆腐也成为知名小吃品牌。芙蓉镇成为湖南旅游业的一颗新星。

几十年过去,一部电影为当地人民创造出了不可估量的财富。至少在谢晋自己导演的三十六部电影中绝无仅有。

作为第三代导演的领军人物,谢晋一生有众多杰出的作品,而在改革开放的新时期,他拍摄的反思三部曲《天云山传奇》《牧马人》《芙蓉镇》,以艺术的方式反思了历史,有力助推了思想解放和拨乱反正,既突破了思维的禁锢,又安抚了躁动不安的社会情绪，弥合了伤痕，为接下来的改革开放起到了正面作用。

在谢晋八十岁生日那天，有关部门为他举办了"谢晋从艺六十周年"活动。

新华社撰文评价谢晋："从成名作《女篮五号》，到成为中国艺术样板戏的《红色娘子军》，再到被评为百部世界经典电影之一的《舞台姐妹》，谢晋早期的女性三部曲描绘了中国女性从软弱到坚强的变化、从苦难到光明的命运，展现了女性的善良、美丽与圣洁。随后的《天云山传奇》《牧马人》《芙蓉镇》是谢晋的扛鼎之作，它们饱含人性、人情、人道和对社会历史的反思，不仅震撼了千千万万的人民大众，还打动了世界。"

花环与丰碑

其实，在完成《牧马人》和拍摄《芙蓉镇》的几年间，谢晋还完成了另外一部电影。

一九八二年，他执导了电影《秋瑾》。

秋瑾这位历史名人，人称鉴湖女侠、巾帼英雄。秋瑾和谢晋的家族还真有些交往，秋瑾虽出生在厦门，却生长在绍兴，算是谢晋的老乡。

谢晋的爷爷谢洪绪，号佐清，人们都尊称他"佐清公"。

佐清公曾经和秋瑾在绍兴大通学堂教书，还和光复会的徐锡麟交往甚密。徐锡麟被清兵通缉时，谢晋的爷爷曾让其到家里避难。

秋瑾等革命志士的故事，佐清公从孙子懂事

时就不断讲给他听,秋瑾给幼小的谢晋留下了深刻的印象。谢晋一想起家乡,就会联想到那些故乡的名人,秋瑾时常在他的脑海里显现。从二十世纪五十年代起,谢晋就想把老乡秋瑾的故事搬上银幕,但总找不到好的机会。

终于,谢晋觉得各方面的条件都已成熟,他想着手拍摄《秋瑾》。他琢磨着请黄宗江出山担任编剧。

其实,对于这一题材,也有很多名家一直想将其搬上银幕和舞台。夏衍写过舞台剧《秋瑾传》,同是绍兴人的柯灵改编过同名电影剧本,后来因故搁浅。几十年过去,时代已经发生变化,很多地方得改。

黄宗江在艺术界是经验丰富的多面手。二十世纪五六十年代,他先后创作了《海魂》《柳堡的故事》《农奴》等优秀的电影剧本。

谢晋又聚拢了李秀明、于是之这样的一流演员,四位名家合力打造《秋瑾》,谢晋信心满满,也觉得该是个水到渠成的事,甚至觉得想不轰动也难。

他动用了不少人力物力，甚至去了日本拍摄，这是谢晋第一次出国拍摄。

这部电影虽然花费了谢晋不少心血，但上映后却在观众中和业界反响平平。

谢晋是认真的，他觉得必须从中总结经验教训。

为此，谢晋做了个局，不是为了喝酒，而是为了听取各位大家对《秋瑾》的评价。他将这视作一次艺术"会诊"。

许多朋友都提出了很好的意见，谢晋觉得大受启发。

有人说："《秋瑾》一片的欠缺，在于导演对人物的把握还不到位；影片之所以平庸，可能是由于救亡的主题掩盖了个性解放的主题。"

有人说："秋瑾首先是个个性解放的典型……作为先驱，她是寂寞而孤独的；作为女人，她是痛苦而凄楚的；作为革命家，她是崇高而壮烈的；作为崭新时代的呼唤者，她是伟大而高尚的。银幕上的秋瑾却缺少这种性格的丰富性和心灵的独特性……"

诸多见解很中肯，谢晋一一记下，他瞄准了下一个题材，他说："我不会再跌跟头了。"

人家笑："只是绊了一下，没摔跤。"

又是一番马不停蹄的前期准备，谢晋着手筹备另一部史诗型的大片《高山下的花环》。

谢晋是在一本叫《十月》的期刊上读到《高山下的花环》这部小说的。

这部小说反映的是一九七九年对越自卫反击战的故事，战争虽然时间不长，但其中发生的许多故事感天动地。不过，这场战争对于处在战火中的前方将士来说，确实太长，许多人就在这里走完了他们短暂的人生。

战争里发生的一切，举国关注。部队作家李存葆以其敏锐的洞察力和丰富的生活经验及收集的素材，创作出了《高山下的花环》，一时洛阳纸贵。

很快，这部小说成了戏剧界的热宠，被改编成多种戏剧，轰动神州。

电视连续剧也很快拍了出来，成了收视的宠儿和人们茶余饭后街谈巷议的话题。

电影要拍摄，眼前有更高的"高山"要翻越。

谢晋知道电影成功的最关键处是编剧，编剧得把人物、剧情拿捏个八九不离十。原作李存葆已经写了个剧本，谢晋让他三易其稿，仍不满意。

得有高人出手，谢晋脑海里掠过的第一人还是李准。

但李准正在写《双雄会》的剧本，他有些犹豫。

谢晋说："我不管，你会把握时间，你也知道孰重孰轻。"他的意思很明白，一凭我们之间多年交情，二凭这部作品的重要性，三看催生这部巨作的大好形势。

时不我待呀！

李准无话可说，只能答应。

谢晋的话语有点霸道，他说："不仅要花环，我还要高山，这编剧非你李准来担当不可！"

李准没说什么，用了八天时间夜以继日地努力编写，第八天，他揉着眼睛把剧本交到谢晋手上。

谢晋面无表情，立马翻看剧本，随着稿纸的翻动，谢晋的脸也渐渐舒展，然后脸上绽出一丝笑容来。

接着，又是寻找演员。

电影是集体创作，典型的"一个好汉三个帮"，甚至需要更多人帮。导演再牛，他的想法和创意在演员身上落实不了，就会全成泡影。

当然，知道谢晋导演要筹拍电影《高山下的花环》，许多演员找上门来毛遂自荐。他们知道，只要谢晋相中，那就是自己的成功。那时，相识的和不相识的朋友们都无私地帮助谢晋推荐演员。

当时上海有份《青年报》，在读者中很有影响力，该报专门辟出一个栏目叫"请您为《高山下的花环》摄制组推荐演员人选"，一时间，信如雪片似的从全国各地飞到编辑部。

四千多封信一封不少地转到谢晋手中。

谢晋很认真，不管是什么渠道送来的便条、推荐信、自荐信，甚至每个电话、每次上门求见，谢晋都很重视。

盖克当时名不见经传，还在读书，没出演过什么作品。她也不认识谢晋，但听说谢晋来北京了，住西直门某招待所，就找了过去。其实盖克本人去之前也没抱太大希望，她心想，就算是拜见下著名导演吧。

但谢晋一下看出其内心的婉顺，悲剧色彩很浓，是自己心目中的"韩玉秀"。

演员唐国强，也是写信给谢晋自荐，从而获选的。

"我非常希望有一位富有经验的导演，将我这棵长了过多枝杈的小树修剪成型……"他的言语很诚恳，而不会轻易被言语打动的谢晋，觉得唐国强性格太接近"赵蒙生"了。

但是，《高山下的花环》最主要的角色还是"梁三喜"和"靳开来"。

半年过去了，主要角色"梁三喜"和"靳开来"依然没有着落。

谢晋和导演组的几位工作人员都心急如焚。

有些事就是奇怪，即便费尽心血，也没着落，但突然就峰回路转，柳暗花明。真应了那句话：

"踏破铁鞋无觅处，得来全不费工夫。"

谢晋要求导演组的同志，分头去各地选主角。

副导演武珍年去了长春电影制片厂，有一晚去看一位女演员朋友。那位朋友似乎看出武珍年有些郁闷，问她有什么烦心事。武珍年将选角一直未果的苦恼说了出来。

那位女演员说："我想想，东北有合适的人选，我带你看看，也许碰巧合意呢！"

第二天，女演员就叫来了一个叫吕晓禾的话剧演员，武珍年看他的第一眼，就觉得找到了"梁三喜"，当然，最后敲定还得由谢晋来，但至少自己满意，这事有点谱儿。

武珍年说："至少找到了一个，还缺一个。"

吕晓禾说："我有个朋友，不妨带你看看。"

同样是话剧演员的何伟也被带到武珍年的跟前，碰巧了，竟然也和武珍年心目中的"靳开来"八九不离十。

武珍年可以"交作业"了，但还要等待"老师"的打分。及格还是不及格？是不是高分？还得看谢晋。

急不可耐，武珍年带着自己物色的这两个人选立即从东北赶往北京，直奔西直门那家不起眼的招待所。

谢晋看了武珍年带来的两个"宝贝"，依然面无表情，只点了点头说："好的，你们先演几个小品我看看吧。"

几天后，重要的"面试"正式开始，依照导演交给的题目，吕晓禾和何伟放手一搏，全力展现各自的演技。

他们知道机会难得，如果能让谢晋导演看中，并且顺利地成为谢导戏中的主角，那在中国影坛就算站住了脚。谢晋不仅执导了多部好电影，也培养了多位明星。谢晋一生导演的三十六部电影，推出了许多耀眼的明星，如祝希娟、陈冲、丛珊、盖克、朱时茂、姜文、濮存昕、李秀明……

谢晋一直在观察他们的表演，没漏掉任何细节。武珍年不时打量谢晋的眼神，也没漏掉任何细节，但她的心和谢晋的脸一样，一直绷着。直到她听到谢晋说："今天晚上把我带来的那坛酒拿出来喝！"武珍年一颗悬着的心彻底放下了。

她悄悄地跟吕晓禾和何伟说："九十分以上……"

吕晓禾说："你怎么知道？"

武珍年告诉他们，谢晋通常只在高兴的时候才会拿出家乡的老酒。

何伟说："我这颗心悬了几天了，昨天我还想着是不是没入谢导法眼呀，我都做好打道回府的准备了。"

那晚，两个往常不大习惯喝黄酒的东北爷们，被谢晋的热情感染，也怀着被认可的喜悦，像是找不着北一样胡吃海喝起来。

三个人把一大坛酒喝得见了底。

谢晋是搂着"梁三喜"和"靳开来"软着步子离开的。

吕晓禾喝高了，说出了心里话。

"我……我以为我被……谢导你涮了……"

谢晋说："为什么呀……"

"他们说我嘴巴太大了……"

谢晋说："嘴巴大……好哇……说明你是吃地

瓜长大的，能体谅老百姓的苦，和我们戏中的角色吻合，是我们要的那种……"

人员齐备，国庆节一过，谢晋就把《高山下的花环》剧组建起来了。

"首长"谢晋做出征动员："《高山下的花环》剧组既是个经营单位，也是个科研单位，又是个学术单位。全组要明确提出一个口号：'坚决围剿模式化'，向陈旧感、一般化、平庸化发动进攻！"

谢晋吹响了集结号。

电影《高山下的花环》制作完成后，诚如谢晋自己和全体剧组人员期待的那样，获得了空前的成功，观影人数高达一亿七千万，如果按现在的票房来计算，无疑也高达几十亿元。

戏里戏外两重天

谢晋的一生很奇特，戏外戏里几乎是悲喜两重天。

事业上虽说也经历了坎坷，但在同时代的导演中他还算是"顺风顺水"，年轻时就成为精英。虽然在"文革"中受到冲击，但却比别人幸运，得到重用，仍然能够导演电影。改革开放初期，他年富力强，又恰逢中国电影浴火重生的大好时机，这些让谢晋充分展示了自己的才华。

因此，谢晋有太多的光环，也拥有众多的荣誉。

但谢晋的家庭，在外人看来，却有很多的遗憾。

做导演拍电影，在外的日子很多。每当拍完一部电影，为作品而紧张的心放松下来的同时，谢晋的心又为家里的两个儿子阿三和阿四悬起来。

谢晋一生中的许多日子都是悲苦隐忍的。

谢晋在外拍戏，最牵挂的就是这两个儿子，当然，两个儿子的日常生活由徐大雯料理。这位才女，自从两个儿子降生人间，就放弃了工作，专门料理他们的生活。

但两个儿子的一些特殊需求还得谢晋亲自完成，比如阿三、阿四的理发和剃须。

阿三和阿四自小就不接受理发店的理发师为其理发，每次理发都成了麻烦事。有一年，谢晋从街上买来一整套理发工具。为了给儿子理发，谢晋还专门向人学习理发技术，他成了两个儿子的"御用"理发师。虽说谢晋长时间在外时，徐大雯也能顶替他，但两个儿子都希望是父亲给他们剃须理发。

谢晋书桌的一个抽屉里面满满地装着乒乓球。没人知道这些乒乓球有什么用，只有谢晋知道，那是有独特用途的。

每当谢晋回到家里,阿三、阿四就像过节一样开心。而有些工作,谢晋必须在家中进行,比如写分镜头剧本等,他得加班加点赶进度。但阿三、阿四见父亲在家,就爱缠着父亲跟他们玩。

做父亲的既要和两个儿子玩,逗他们开心,又要挤出时间做案头工作。

怎么办呢?谢晋苦思冥想,就想到阿三、阿四喜欢和自己扔东西玩,自己每次把东西扔老远,让两兄弟去抢,胜者总是乐呵呵的。

于是谢晋想到了乒乓球。他弄来一抽屉乒乓球,给阿三、阿四每人一个小篮子。他写作、读书时,就抓几把球扔出去,乒乓球满地滚,两兄弟乐呵呵去捡。

等拾满一篮子乒乓球,已是半小时以后的事了,这样谢晋能安静半小时。

谢晋每一次去外景地拍片,或者参加什么活动和会议,总会从当地带点礼物给阿三、阿四。有时他去的是国外,会挑些新颖的"洋玩意儿"带回家。谢晋去美国拍《最后的贵族》时,带回

132 中华先锋人物故事汇　谢晋

的是一个滑稽的洋娃娃，一捏就会响。这些都是学龄前儿童的玩具，但成年了的阿三、阿四却喜欢得不得了。

在日本拍完《清凉寺钟声》准备回上海时，谢晋给两兄弟买了一个会发出叫声，还会下蛋的母鸡玩具。过海关时，包不小心碰着了硬物，包里发出了"咯咯咯"的鸡叫声。安检员开包检查，看到了玩具，就说："给孙子买的呀？挺好玩。"

谢晋笑着说："给儿子的。"

对方也笑了，他当然不相信，那年谢晋已近七十岁。

在谢晋看来，阿三和阿四虽然有点傻，却是性情中人，对于父亲和家人，他们懂得感恩和回报。

当然，两兄弟有其独特的表达感情的方式。

阿三、阿四似有分工，每次谢晋外出，阿四就会捧着他的一双鞋子，递到谢晋的脚下，鞋早被阿三、阿四擦得锃亮。而每当谢晋从外回家，阿四就会把一双拖鞋放在门口。阿三则负责观望父亲是否到了走廊，门上有个猫眼，他把脸贴着猫眼往外看。

谢晋外出久了,阿三就会守在门口,门外一有动静,他的眼睛就紧贴猫眼。年深日久,他的眉毛因经常与门摩擦而缺了一角。

阿三是缺着那一角眉毛过世的。

阿三自小患有哮喘病,谢晋因平时工作忙,愧疚自己对阿三关心得太少,就想尽办法来偿还自己对阿三欠下的"债"。那时他们一大家子住在江宁路的老式阁楼房子里,家里很拥挤,阿三的哮喘一发作,谢晋就常把他背到苏州河桥头的空地上,让他呼吸新鲜空气。

谢晋常年在外面拍戏,但只要在家,就会陪着阿三。

"文革"时,谢晋挨批斗,阿三每天一到下午五点,就没有心思玩耍了,他守在门口等父亲。父亲不回来,他就坚决不吃也不睡。每当得知父亲要从外地回来,不论多晚,他都会等着。

随着年龄的增长,阿三的哮喘病越来越严重。每当夜深人静,听到他喉咙里发出怪声,谢晋心里就如刀绞般难受。他带阿三到华山医院去治疗。医生说，阿三的肺和八十多岁老人的肺差不多了。谢晋哀求医生，无论花多少钱，也要治好他的病。医生也为之动情。

一九九二年，谢晋在天津拍摄，阿三病危，谢晋急忙赶到三儿子的病床前。

临去世前，阿三还懂事地安慰谢晋："爸爸，你不要难过。"

谢晋默默流泪，用剃须刀帮阿三剃掉最后的那些胡须。

谢晋痛苦万分，很长一段时间都把自己关在房里不见人。从此，他把失去阿三的痛苦转化为无尽的爱，更多地投注到阿四身上。

每年春节，无论多忙，谢晋都要回来陪家人。拍摄《高山下的花环》时正逢跨年，因为创作的需要，谢晋没让吕晓禾回家过年。他于心不忍，很想留下来和吕晓禾一起过年，但最终还是因为放心不下阿四而赶回家。

每逢过年，谢晋必带上孩子们回上虞老家的祖屋。短暂的年节里，在上虞谢塘，他们常会上演父子深情的动人一幕。

在小小的宅院里，谢晋和阿四踢足球，阿四乐不可支……

餐桌上，阿四给父亲倒酒。父敬子酒，弄得阿四很不好意思，他不喝酒，只能抱歉地以笑相报。

然后是父子劳作。为给儿子增加营养，谢晋专门购置了一具石磨，乡亲们时常见到谢晋加黄豆和水，阿四推石磨，父子头靠头，手把手，形影不离的温馨一幕。

一看到父亲有空闲，阿四就会给年老的父亲按摩，边按边叨叨："舒服不？"谢晋连声说："好好好，好舒服！舒服极了！"

有一回，阿四一大早瞒着父亲，第一次独自上街给父亲买回了油条，让谢晋大吃一惊。

那天的早餐，谢晋吃得格外香甜。

其实，这种感动谢晋感受得太多了。在谢晋骑自行车上班的年代，只要看见车胎没气了，阿四就会主动将气打足。

有一回，谢晋将阿四带到拍摄现场，当时正是大暑天，烈日炎炎。谢晋汗流浃背的样子被阿四看见了，待父亲结束工作，他赶紧将自己省下来的一瓶矿泉水塞给父亲。

有一段时期,谢晋和徐大雯很想试着让阿四走出门去和社会接触,就在福利工厂给他找了个简单的工作。

初去时一切都还好,但不久就出问题了。

一天,家人没见阿四下班回家,非常着急。他们想,一个很少出门的、如同几岁孩童的人,万一迷路了,上海这么大,那还得了?

一家人心急火燎,失魂落魄,发动亲友四处寻找。找到天亮,也没见阿四的踪影。谢晋的一位朋友知道,要是阿四真有个三长两短,这在谢家可是天塌地陷的大事,朋友于是想到要发动更多的人来找,就迅速在报上登了一则寻人启事。这一招还真管用,有很多热心读者打电话来,谢家终于找到了阿四。

为防止阿四再次走失,谢晋想了个绝招。阿四外出时,胸前就挂个小纸牌,上面写着:我是谢晋的儿子。纸牌上还写有谢晋家里的电话。

这招果然有效,此后阿四一旦走失,马上就会有人把他送回来。

用心良苦

和阿三、阿四常年在一起,谢晋自己也很有收获。他常想,长不大的孩子也蛮好,他们简单、单纯。谢晋从外面复杂的境地里结束工作,家之一隅,成了他的避风港。简单,就是要保持一颗童心,谢晋就颇具童心。

谢晋拍摄的三十六部影片都透露出导演的童心,尤其是二十世纪六十年代的作品。即使影片的故事情节是发生在战火硝烟中,对于剧中人物童心的展现,谢晋也总是能处理得不着痕迹,恰到好处。

有几部电影,按现在的标准,是可以归入儿童电影类型里的。比如一九七七年上映的《青春》,一九七九年上映的《啊!摇篮》和一九九二年上映的《启明星》。

二十世纪八十年代,红极一时的陈冲就是因为在《青春》中饰演一名哑女而一举成名的。

拍摄《青春》选演员时,谢晋想起了来看他拍戏的那个女孩,就直接挑了她。谢晋把一条星光大道铺在了陈冲的脚下。她真是太幸运了,那年她只有十六岁。

《啊!摇篮》和《启明星》这两部影片与阿三、阿四还有些关系。

《啊!摇篮》讲述的是解放战争时期一支由延安撤退的保育院队伍,冲破艰险,安全撤出包围圈的可歌可泣的故事。

有人觉得疑惑,不明白谢晋为什么要接这么一部"小儿科"的片子。实际上,谢晋当时接的本子并不是少儿题材的,剧本的两位作者成稿时的故事不是后来的这个样子,而是一个惊险的故事,上有飞机,下有炮火,前有洪水,后有追兵……谢晋说:"这些素材我不想拍战争片,也不想拍成惊险悬疑片。我要从故事和人物形象上挖掘和表现人的感情，我要让中国电影有点'人'的味道！"

"文革"以后的谢晋，不再局限在从时代话语的缝隙中捕捉人性，而是反过来，以人性的标准来考问时代。他要借这个载体，来承载自己对人性的褒贬。

后来也成为导演，并因执导《重案六组》而成名的徐庆东，是当年《啊！摇篮》的编剧之一。他和另一位编剧把本子改了近一年，中间多次推翻重来，一共改了七稿，谢晋仍然不是太满意。

对于这个题材，可能编剧忽略了一个重要的细节，他们的导演谢晋的夫人徐大雯，其实就是"保育院"的老师。这工作她做了大半辈子，一直到她去世。如果当初写剧本时能注意到这点，也许剧本的修改就不会那么辛苦和曲折了。

《启明星》在谢晋的电影中不算是重要作品，上映后也没多大的影响，但谢晋却为这部电影付出了很多。

谢晋被选为中国残联副主席，当时的主席邓

朴方曾请谢晋将镜头对准残疾人。

谢晋说:"我一直有这个想法。"

其实就算别人不说,谢晋也想做这么一件事,不为别的,就为儿子阿三和阿四。他只是一直在等剧本,等机会。

天津女作家航鹰写了一部名叫《启明星》的作品,故事讲述的是:鳏夫谢长庚得知自己患了癌症,十分担心智障儿子晨晨今后的命运,绝望中,他欲同儿子一起结束生命。关键时刻,街道办事处的干事石铁解救了父子俩。在石铁的说服下,谢长庚住进医院做手术,晨晨也被送进了启明星学校。晨晨在学校里,智力得到了提升,谢长庚的住房条件也得到了改善,这些唤起了谢长庚对新生活的向往。不久,谢长庚却因为病情恶化住进了医院,晨晨把在学校得到的奖励"启明星"送给爸爸,谢长庚握着"启明星"平静地闭上了眼睛。

谢晋很感动,他二话没说,再一次全力以赴地投入到电影《启明星》紧张的创作工作中。这事非同小可,谢晋在其中倾注了自己对阿三、阿四及智障儿童群体的爱心，而且这部电影是在世界特殊奥林匹克运动会期间拍摄的，也是我国第一部反映智障儿童生活的影片。

《启明星》讲的是智障儿童的故事，主演需要有这类表演的经历，而且得是孩子。

确定演员是个难题。

在全国范围内挑选有表演天赋的孩子，当然不是问题，谢晋在此前拍摄《啊！摇篮》时已经积累了丰富的拍摄经验。可是《启明星》讲的是智障儿童的故事，由正常的孩子去出演这类角色，能否演出真实的感觉？

谢晋心里没底，尽管副导演们做了很多工作，从各地挑来小演员，并对他们进行了半个月的相关培训。谢晋把演父亲的演员刘子枫叫上，一起去天津看小演员表演小品。

两个人眉头都皱着，不是因为小演员不努力，或者演技不到位，而是因为形和神没法对位。

于是谢晋决定起用智障儿童来出演。

有人提出不同看法，认为这是个大胆而冒险且吃力不讨好的决定。

谢晋和刘子枫都认为，选用正常儿童来演，不无道理，但儿童的表演，基本上是本色的，儿童的天性和自然的状态，成年人是演不来的。所以，儿童演自己，能演出真实，演出效果，显得可爱。但要演别人，尤其是演他们缺乏生活体验的残疾同龄人，那种表演的分寸感和对细枝末节的精准把握都难以达到要求。

谢晋很认真，他要求剧组找智障的孩子来演，他们的脸形、眼睛、鼻子和嘴等，都会由于生理的原因有共同的特点，正常的孩子无论怎么化装也无法达到那种真实。

于是，大家在天津找到了二百名相应年龄段的智障孩子，谢晋从中挑出了四名。

谢晋的付出就非同寻常了。

导演最难驾驭的演员是儿童和动物，而儿童演员里最难沟通的是有智力障碍的孩子。一个智障孩子还好说，难的是导一群智障孩子的戏。

剧组上下为谢晋导演捏了一把汗，他们也做好了吃苦的准备。

戏拍得果然艰难，选出来的特殊小演员一会

儿亢奋，一会儿萎靡。有一次要拍一场为小朋友过生日的戏，谢晋好不容易给特殊的小演员培养出状态，可有的却兴奋过度了，喊呀叫呀跳呀蹦呀，场面变得无法控制。

谢晋的要求很高，稍不满意就喊："重来！重来！"

那场戏，最后拍了二十多条。折腾了一整天，大家筋疲力尽。

季节渐入酷暑，高温让那些孩子更不"听话"，才开机拍摄，有人就困了倦了，蔫头耷脑，目光迷离，有的甚至干脆一睡不醒。谢晋无奈地苦笑，只好和剧组同事一起等待。有人说要强行把孩子叫起来，谢晋坚决不允许。天气炎热，谢晋自己也是快七十岁的老人了，也仍然在那儿坚持。

有一场几个孩子打闹的戏，怎么拍都没拍出效果。谢晋自己趴在地上学猫叫，学狗叫，细心诱导，可演主角的小男孩却等不及了，跺着脚拉下脸，冲着谢晋大声说："告诉你，我不拍了！"

在场的所有人都惊住了，别的人好说，一个

孩子，且是智障儿童，拿他根本没有什么办法。

只有谢晋很平静，他低声朝那孩子说了句话，把他拉到一边小声地说了些什么，那孩子就笑着回来了。

后来大家想，谢晋这一生，一直照顾阿三、阿四，那份关爱、那份真情，是融入神态和话语中的，除了他，还能有谁对智障儿童有那种态度？

人们记得他拍《启明星》时常说："看到这些孩子，就看到了我的阿三和阿四，拍这戏就像拍我家里的事。"

在《启明星》的首映式上，这些小演员的家人都被请来观影。看完电影，他们热泪盈眶，不相信完成电影里那些出色表演的是他们的孩子。

他们感激谢晋之余，都会问到一个问题。

"你是怎么做到的？"

这个问题，记者们也常问到："这一切，你是怎么做到的？"

谢晋总是这么回答："他们由于生理上的先天欠缺，必须承受比一般人多得多的痛苦，那么他们也需要得到比一般人多得多的疼爱和关怀,仅此而已。"

有位记者在文章中写道:"这部《启明星》算是谢晋非常私人化的电影,他把自己的经历、自己孩子的童年、自己对孩子的爱全部放到了影片之中,整部影片里的那种拳拳父爱,真挚而感人。"

儿子的道路

谢晋也曾有过很多想法，但有个梦想他始终未变。他最想拍的一部电影，名叫《父与子》，故事和人物已经在他心里酝酿了几十年。他想以自己的家庭为故事主体，拍一部半自传性质的作品，他也曾多次向人说起这个构想。

他有三个儿子。三个儿子和谢晋，构成了独特的父子关系，也构成了谢晋的另一种人生。

一九四九年的春天，上海市郊传来隐约的枪炮声，谢晋夫人徐大雯的腹中也有隐约的躁动。上海民众在期盼、忍耐、喜悦、惊惶交加中等待着黎明的到来，谢衍就是在这么一种情形下降临人世的。

在他的父母看来，这个与新中国同龄的儿子一定是幸福的。

做父亲的尚不到三十，年轻有为。谢晋与郑小秋等导演合作，在《二百五小传》等影片中做副导演。其天赋才能，为当时的许多名家所赏识。

谢晋事业上顺风顺水，平步青云；家中添丁进口，喜得贵子。

谢塘的谢家喜气盈门，满月的谢衍被祖父及谢家的族老抱到祠堂里和东山谢安的墓前拜祭祖先，按家谱排，谢衍为东晋宰相谢安的五十四世孙。

族人看着这白胖的男婴，对其寄予了厚望。

新中国朝气蓬勃，意气风发，谢衍和年轻的共和国同步成长。

不久谢衍有了妹妹，两个弟弟也相继出生。谢衍读小学，继而读初中。读小学时，父亲谢晋已经拍出了《女篮五号》这样的经典之作，谢衍很为父亲自豪。读中学时，《红色娘子军》也问世了。谢衍看着父亲拍的电影，希望自己将来也能像父亲一样，做个优秀的电影导演。

谢晋三十多岁时，已经功成名就。虽然阿三、阿四渐渐现出非同常人之处，但大儿子谢衍健康活泼。谢衍初中时已经能帮母亲照顾弟弟。

但不久，"文革"开始了，谢衍的电影梦破碎了。

他决心逃离那个地方。

无家可归，他只得爬上西去的火车投奔在新疆当知青的亲戚。这是一个十七岁少年被饥饿、棍棒、侮辱和恐怖驱逐着的生死逃亡。想来，谢衍是和父亲说起过自己那段经历的，谢晋对儿子的这段颠沛流离的经历也印象至深。谢晋拍电影《牧马人》，其中有一组李秀芝扒货车去西北寻亲的很长的运动镜头，还配了一组荒诞的音乐，看来是谢晋有意隐含儿子的那一段相似的遭遇和心境，将有他自己切肤之痛的联想和感受融在了里面。他心疼儿子，也因为连累了儿子而内疚。

新疆也不是谢衍的立足之地，他不得不再次开始了他的逃亡。

当初谢衍从新疆归来，没有书读，也没有工

作。谢晋还在挨批斗，工资被冻结，根本不能维持全家的生活开支。

父亲想替谢衍找份工作，既能解决吃饭的问题，也能学点自立的本事。

做父亲的想到了一个老朋友——杭州市文化局原局长。他想，也许老朋友可以有些办法，就写了一封信，请这位朋友想办法在杭州给谢衍安排个活儿，无论干什么，能有口饭吃，有个地方睡觉就行。

那位老友把谢衍叫到杭州，安排他进了话剧团管理道具。话剧团里没宿舍，谢衍每日待演出结束收拾完道具，就钻进小楼的楼梯间里睡觉，日复一日，在那儿历练了好多年。

即使做的是道具管理工作，在话剧团的这段经历对他此后的导演生涯也影响至深。

那天，儿子对父亲说："我想当导演！"

谢晋一愣，这是他没有想到的，或许曾经有过子承父业的想法，但经历了那段动乱岁月，谢晋对儿子的选择如同当年其父母家族一样，不太支持。

谢衍很坚决，谢晋觉得儿子这点像自己，认准的路就要坚持走下去。他知道自己和徐大雯同不同意，都无法改变儿子的这个决定。

儿子进了浙江电影制片厂，和自己先前一样，从场记做起，然后做副导演。毕竟从小耳濡目染，加上天分和努力，谢衍起步很快，他导演的作品让人眼睛一亮。

有一年，谢晋的朋友、著名华裔影星卢燕看了谢衍的小品很欣赏。她说："这么好的一棵苗子，让他出国深造下，说不定要超过他老子。"

谢晋说："从来都是长江后浪推前浪……"

在朋友的热心帮忙下，谢衍有了去美国纽约大学电影系深造的机会。

那是一九八三年，虽说谢晋已经导演了"反思三部曲"中的两部——《天云山传奇》和《牧马人》，每一部都万人空巷，可在那个年代，影视界还没进入高收入阶层，谢晋的收入除了工资，就是一点儿补助。谢晋的家庭情况特殊，徐大雯要全力照顾阿三、阿四，早就辞职在家。远在新疆的女儿，也常常需要谢晋接济。而当时谢衍每月的工资也就三十多块人民币。

谢衍赴美留学的费用，在当时是个天文数字。

谢家捉襟见肘。

但谢衍去意已决，谢晋也觉得不管怎么样，这是儿子难得的一次深造的机会。

父子俩东拼西凑，好不容易攒足了谢衍去美国的路费，手头剩下的就只有三十美金。

临行前，谢晋郑重其事地送给谢衍一份礼物，那是谢衍的祖父传下来的一块金表。谢晋爱不释手地把它交到谢衍手中，语重心长地说："你父亲拍了一辈子电影，没有给你留下什么钱，如果为了赚钱，我早就不拍电影了。这块金表，是你爷爷留下的，还值几个钱，如果遇到困难，还可以变卖了对付一下。"

怀揣着这份厚重的父爱，谢衍踏上了赴美留学的漫长旅途。不管生活上有多大的困难，谢衍也从未想过卖掉这件无价的传家之宝。他只是常常把父亲的礼物拿出来看看，当作鞭策自己前进的动力。初到纽约，谢衍过得十分拮据，但他依靠勤劳的双手和自己的聪明才智，换来了生活费和学费。谢衍学习很刻苦，很努力，当然也很有成效，收益颇丰。他拍了一部电影习作叫《相依的爱》，讲述一个孤独老人和一只猫的故事，由此得到了一笔优厚的个人奖学金，不仅养活了自己，还奇迹般地支付了每年高达四五万美元的学费。

子承父业

归国后,谢衍追随父亲的脚步,独立做了导演。

谢衍执导的第一部电影叫《女儿红》。

谢晋的故乡绍兴有一种酒就叫"女儿红",显然,这是一部反映绍兴风土人情、富有故乡情怀的作品。谢衍选这么一个题材来拍摄自己独立导演的首部作品,当然用心良苦。一是因为他了解那里的生活,虽然他在城市长大,但他小时候每年父亲都要带他们去谢塘住些日子;二是表示他虽然远赴美国多年,但他对故土感情深厚,绝没有忘祖背宗;三是毕竟血浓于水,他对那里有着无法割舍的感情,那里会让他有创作冲动和创作灵感。

谢衍请父亲做自己的顾问，帮他掌舵。

谢晋觉得这事确实得认真，一是因为这是儿子第一次独立导演作品，二是因为这是一部反映故乡风土人情的作品，三是因为要对得起投资人。

开机那天，拍第一场戏，谢晋从上海赶到片场。但他为难起来，是站在儿子身边，还是悄悄站在远处？站在他身边，担心儿子放不开，别人看到对谢衍的影响也不好。站远了，对儿子的指导就不及时。

谢晋选择了信任儿子。

谢衍确实有点紧张，第一个镜头拍的就是女主角花雕，而出演花雕的是台湾金马奖影后归亚蕾，但那一场戏几个演员的表演显得不太协调。这时就要看导演的真功夫了。谢晋忍着没站出来，他远远看着儿子对演员说戏和调度，虽说拍得有些艰难，但谢衍导出了最好的效果。

谢晋看到了儿子这方面的才能和长足的进步。显然，儿子过了他这位特殊考官的关，他很满意。

望子成龙的谢晋看见了一条即将腾飞的小龙。

《女儿红》这部影片拍得很成功，上映后好评如潮。主演归亚蕾获得第三十届卡罗维发利电影节最佳女主角奖。而七年前，谢晋在卡罗维发利电影节上获得了最佳影片奖。

十七岁的周迅出演了《女儿红》中的主角。谢衍如其父，慧眼识才，使一个默默无闻的小女孩走上影坛，平步青云。

此后，谢衍更是踌躇满志。在谢晋眼里，儿子青出于蓝，一切都指日可待。

此后，谢衍还执导了《花桥荣记》《牵手人生》等影片。还曾以《花桥荣记》入围金马奖最佳改编剧本奖，才华备受肯定。

谢晋认可谢衍，但从没在别人面前夸过他，谢衍也很少在外人面前提起父亲。父子两人性格迥然不同，但在任何场合，这对父子在外人看来都有很深的默契。谢衍是父亲的得力助手，是谢晋晚年生活和事业的支撑。

谢晋曾嘱咐谢衍："无论如何，以后你都不能抛下苦命的弟弟啊！"

为了这句话，谢衍放弃了美国优越的环境和条件，回到上海。

也因为这句话，谢衍放弃了婚姻。他想的是，父母百年之后，阿四得由他这个哥哥来抚养，谁会嫁给自己？就算有人愿意牺牲，自己也会因为不能给对方幸福而于心不忍。

二〇〇六年，谢衍完成《金大班的最后一夜》在美国的巡演后，变卖了美国的家产，回到上海，长年留在了父母身边。对于儿子的这一举动，谢晋和徐大雯是不奇怪的，既然阿四要大儿子终身照顾，谢衍别无选择。

没有人注意到谢衍的变化。

回国后的谢衍，按说应该一门心思"死心踏地"地致力于他热爱的电影事业，但人们看到的却不是那么回事，这个阳光帅气、充满了才情的艺术天才，似乎变得消沉起来，连生活习惯也有了很大改变，喜爱钻研电影理论并常常愿意在实践中探索的谢衍对拍电影似乎没了兴趣。他热心的是为家里装修房子，为父亲操办八十五岁大寿的纪念活动，拍摄有关父亲的纪录片，为父亲的传记进行推广。

也许是父子连心，谢晋有一种不祥的预感，浑身躁动不安，他为儿子发愁：谢衍回国后，完全变了一个人，先前的那种上进心和奋发图强的劲儿没了。

是不是因为没片拍而闲的？

谢晋动用关系，为儿子找剧本，找演员，期望他东山再起。

但谢衍却婉拒了："我暂时不想拍片，我得抓紧把你的资料整理出来。"

谢晋发火了："我还没老到要整理纪录片呢！你闲得没事干？这是什么意思？"

谢衍默不作声，他早就习惯了父亲对自己的这种"态度"。谢晋一直对谢衍很严格，谢衍稍有犯错，等来的就是严厉的责骂。谢衍小时候常常觉得委屈，黯然伤感，但稍长大后就理解了父亲。父亲工作压力大，回来又面对两个残疾弟弟，情绪需要宣泄。尤其是"文革"期间，父亲遭遇不公，脾气更是暴躁，在大儿子面前常常莫名发火。谢衍知道,有时父亲发火,是父爱的一种表达。

天长日久,父子俩相处,对这一切都已经互相习惯。

母亲也觉察到一点儿什么,儿子较以前细腻体贴起来,似乎更加注重亲情了。以往不愿意运动、常伏于案头的他,现在饭后总说:"散步去,散步去,下楼走走。"遇到什么活动,谢衍不再独来独往,总是叫上母亲,带上阿四一起去。

他无比享受一家人其乐融融的温馨的日子。

一次,刚过完春节没几天,谢衍说起个极不吉利也不合时宜的话题,他说:"爸,妈,我想在郊区购置两块墓地、三块碑,我的那块在当中,左右两边给两个弟弟。"

大家并没在意,只说:"大过年的,你说这话干吗?"

谢晋在工作中认真也细心,但生活中却一向很粗心。徐大雯一心扑在照顾阿四和家庭上,无心他顾。渐渐地,他们发现儿子谢衍不对劲,以前高大健壮的谢衍瘦得脱了形,头也全秃了,精神也大不如从前了……

"你怎么了，儿子？"

谢衍平静地笑笑："没什么，人快六十了，肯定不如从前哟……"

他依然平静地做他觉得该做的事，他好像想要把家里的一切都料理周全。

一天，谢衍穿了一身干净整齐的新衣，一脸平静地对母亲说："妈，我去下医院，可能会多住些日子，你别为我操心，我没事……"

他住进了医院，再也没出来。

朋友去看他，一直劝他，说："你得让你爸妈知道实情。"

谢衍总是摇头，让大家替他在二老面前保密。直到他知道自己的日子没几天了，才跟朋友说："把我爸叫来吧！"

巨星陨落

谢晋赶去医院时，谢衍已经病入膏肓，半月不见，谢晋快认不出儿子来了。残酷的真相很快给了谢晋重重一击。

谢衍看见父亲，第一句话是："爸爸，我给你添麻烦了……"

谢晋颤着声音说："我们治疗，孩子，不要紧，我们治疗……"

从那天起，谢晋和徐大雯每天都会赶去医院。只要晚到一会儿，谢衍就会轻声细语地叨叨："爸爸怎么还不来？妈妈怎么还不来？……"

几天后，八月酷暑的一个日子里，谢衍离开了人世。

谢晋整理儿子的抽屉时，发现里面整齐地摆放着一本《荒人手记》，这是儿子未了的遗愿。生前，谢衍一直想拍这部电影，他买了电影版权，但现在成了永远的梦，随他而去。

抽屉里整齐摆放的还有谢衍写下的遗嘱：财产的大部分留给弟弟阿四，小部分留给父母。

儿子的书桌上，有一张谢衍身穿红色运动衫的微笑着的照片，后来，这张照片被谢晋放在他书房里最显眼的地方。

谢晋白发人送黑发人，在儿子的葬礼上，他一直镇定地站着，送了儿子最后一程。

谢衍的卧室里一切照旧。那些天，谢晋无心做任何事，总是在儿子的房间里默默地站着。

即使躺下，谢晋也无法入眠。连续四天，谢晋合不上眼睛。谢晋想起了很多以往的情形，这些片断如同电影画面似的在他眼前闪现。

苦命的大儿子，在这个家庭里没享过什么福。他自小就帮着家人照顾两个残疾的弟弟，在外也没少因阿三、阿四而被人歧视和欺负。该读书时却碰上混乱的年代，学业荒废，去了偏远山村。

后因不堪欺辱，去了新疆投奔亲戚。

谢衍吃尽了苦，好不容易等到改革开放，想要远赴美国留学，做父亲的竟然囊中羞涩。倘若谢衍能有足够的资金，就没了后顾之忧，也就能全身心地投入学习，不用边打工边学习，牺牲休息时间。如果不是当初过多透支身体，没日没夜地拼命，儿子怎么会得病？谢晋想，自己太钟情于事业了，为了拍好电影，从不计较回报。只追求精神，不计较物质，只注重情怀，摒弃世俗。他很少计较钱的事，只注重艺术。当时算是巨额投资的电影《鸦片战争》，谢晋只拿了九万块钱的导演费。可想而知，作为著名导演，谢晋家的经济状况并不好。

对于大儿子，谢晋给予的太少，和儿子在一起的时间太少，给儿子的笑容太少，给儿子的物质支持太少。现在谢晋孤单地坐在儿子的房间里，满是哀伤和悔恨。

八十多岁的老人了，朋友们都替谢晋捏把汗，很多人都劝他离开上海到外地走走。

谢晋想了想，同意了，他选择了杭州。

朋友来接他，看见谢晋的行李包中放着《大人家》的剧本。朋友都知道，这也是谢衍生前参与过，父子原本要合作的电影。大家觉得，老爷子多少摆脱了悲伤的阴霾，要完成未能与儿子合作完成的这部作品，以纪念谢衍，这很好。

但奇怪的事还是发生了。

朋友定好的五星级酒店谢晋不住，却指定要住杭州的红星饭店。朋友觉得很奇怪，那酒店很旧，环境也不太好。

有人知道谢晋为什么非要住那里。

那年谢衍艰难地进了杭州话剧团做道具管理员，没有宿舍，只能住在楼梯间。

剧团在红星剧院演出，后面就是话剧团。谢衍在每天演出结束后，收拾完道具，就钻进那一角楼梯间里睡觉，在那里度过了他人生中重要的几个春秋。

那地方，如今被改建成了红星饭店。

谢晋到底还是没有走出来，他来这里寻找儿子来了。四十多年前，谢衍曾在这里蜗居过，谢晋想知道这里是不是还有儿子的气息。

谢晋在那里住了八天。

谢晋似乎挣扎着，从失子的悲痛中走出来了。人们看见他的脸色好了许多，他着手拍摄电影《大人家》，这对他有好处。

谢晋说过："在创作中，我就是凭感情，每一次都把自己烧进去。"但烧进去的谢晋是不是能够忘却些撕心裂肺、痛彻心扉的人间大恸？

几天后，他要去参加一个活动，这个活动，他无法推托，无论如何必须去。

他要去参加母校上虞春晖中学的百年校庆庆典。

春晖中学，走出过众多名人，如李叔同、何香凝、丰子恺、朱自清、张闻天、俞平伯、胡愈之、黄炎培、叶圣陶、陈望道、朱光潜等。当然，谢晋也是从这里走出去的名家之一。

感恩故乡，感恩母校。上虞春晖中学的百年诞辰，谢晋当然义不容辞，必须参加。

但这一回，谢晋回了故乡，却再也没有离开——谢晋在睡梦中安然离世。

一个人，生于斯，在他八十五岁时又安静地

逝于斯。

新华社发了通稿，记者这样写道："谢晋以八十五岁高龄在故乡上虞去世，他在天堂里或许仍能听到摄影机咔咔的转动声；他走得那么'坚决'……愿他一路走好，天堂里应该有好酒，有摄影机，有他的观众，否则，这个拍不上电影的顽童和天才将多么的孤独……"

谢晋创造了属于他的电影时代，他最后亦归属于电影。

大师，安息！